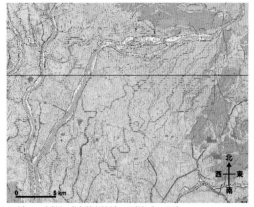

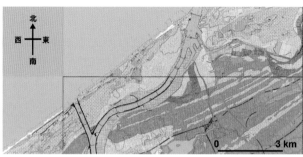

□絵1　低地（沖積低地）の例（p.21）

左：濃尾平地、右：新潟平地、ともに「地理院地図」によって、「治水地形分類図」を表示したもの。
茶色等：丘陵地・台地
黄色点々模様：扇状地、レキ等が堆積
黄色：自然堤防、砂丘、砂が堆積した微高地
黄緑色・緑色：後背湿地等泥が堆積した湿地
青白縞：旧流路・旧河道川から流れた跡、泥が堆積

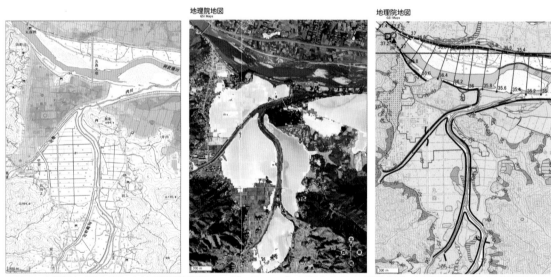

□絵2　宮城県丸森町付近における阿武隈川洪水ハザードマップ、2019年台風19号浸水域、地形分類図（治水地形分類図）
　　　（第3章）

左：阿武隈川洪水ハザードマップ〔「重ねるハザードマップ」で表示〕、中央：治水地形分類図〔「地理院地図」で表示〕、
右：2019年台風19号浸水域（国土地理院による）〔「地理院地図」で表示〕。
2019年台風19号の大雨による浸水は、ハザードマップでは浸水が想定されていない地域（図の中央部〜下部）でも発生
しました。ハザードマップでは想定されていない支流の氾濫によるもので、後背湿地や旧流路だけでなく自然堤防の一部
も浸水したことがわかります。

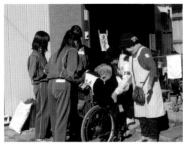

□絵3　学校と地域の合同防災訓練で活躍する中学生（p. 58）

［撮影：佐藤健］

□絵4　地域の方の案内で津波記念碑を調査している様子（p. 72）

［撮影：森本晋也］

□絵5　「てんでんこレンジャー」を撮影している様子（p. 72）

［撮影：森本晋也］

災害時の三つの反応と教職員、支援者の在り方

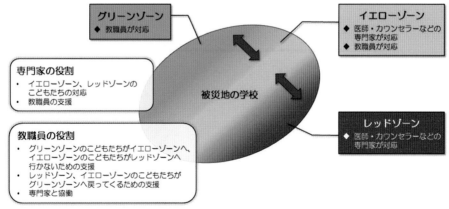

□絵6　心のケアと学校・教師・専門家の役割（p. 86）

［原作：高橋哲（諏訪清二が簡略化）］

Disaster Risk Reduction Workbook for Educators

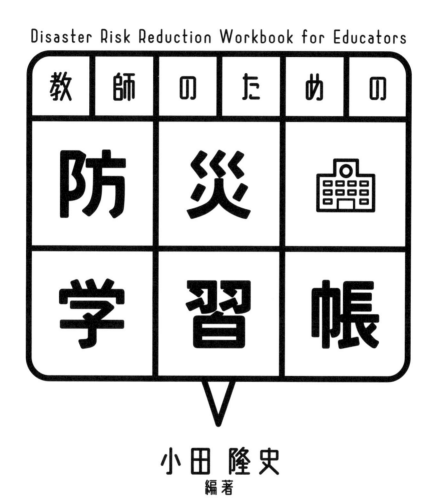

教師のための防災学習帳

小田 隆史 編著

朝倉書店

編著者

小田　隆史　　宮城教育大学防災教育研修機構（第1,4章）
<small>お　だ　　たかし</small>

著　者

林田　由那　　宮城教育大学防災教育研修機構（第 2 章）
<small>はやし だ　　ゆ　な</small>

村山　良之　　山形大学大学院教育実践研究科（第 3 章）
<small>むらやま　　よしゆき</small>

松多　信尚　　岡山大学大学院教育学研究科（第 3 章）
<small>まつ た　　のぶひさ</small>

齋藤　　玲　　宮城教育大学防災教育研修機構（第4,5章）
<small>さいとう　　りょう</small>

邑本　俊亮　　東北大学災害科学国際研究所（第 5 章）
<small>むらもと　　としあき</small>

桜井　愛子　　東洋英和女学院大学国際社会学部（第 6 章）
<small>さくらい　　あい こ</small>

佐藤　　健　　東北大学災害科学国際研究所（第 7 章）
<small>さ とう　　たけし</small>

森本　晋也　　文部科学省総合教育政策局（第 8 章）
<small>もりもと　　しん や</small>

諏訪　清二　　兵庫県立大学大学院減災復興政策研究科（第 9 章）
<small>す わ　　せい じ</small>

まえがき

東日本大震災 10 年の思い

　2011 年の東日本大震災から 10 年の年月を、皆様はどのように過ごされたでしょうか。あの頃生まれた子どもは小学生になり、第一線で活躍していた教師たちのなかには定年を迎えた人も多くいます。当時子どもだった若者が、教壇に立ち始めています。災害公営住宅や高台の新居に移り住み、長く続いた仮設住宅での暮らしからようやく新たな一歩を踏み出し始めた人もいれば、福島の原発事故により、いまだ故郷に帰還できずにいる人もいます。避難先で育った子どもにとっては、「地元」よりも避難先で暮らした時間のほうが長く、新天地が自身の原風景となっているかもしれません。

　そんな中で、時間の経過とともに、震災の記憶・教訓が忘れ去られてしまう懸念を口にする人たちが増えています。「先人たちが遺してくれた津波の警告の重要性に気づいたのは大災害の後だった」と痛烈な悔恨の念を抱き、再び同じような悲劇を繰り返すまいと、あの日の経験を語り始めた人たちや、災害を後世に伝えるための施設も増えています。

　どれだけ語りを重ねても失われた命は戻ってこないけれど、「せめて」自分が語るという営みが他者の安全と明るい未来に結実すればと、失った我が子との思い出、あの震災の経験、そして未曾有の災禍に我々はどう向き合えばいいかを伝え続ける人たちがいます。無念と悔恨、安堵と寂寥（せきりょう）などの感情が入り交じる彼らの追憶の言葉に胸を打たれます。

　直接的な当事者でなくとも、あの災害に正面から向き合おうとすれば、自ずと命の大切さや当たり前のように送られる日々の幸せがいかに尊いものなのか気付かせてくれます。そして、自分に何ができるのか、どうすれば自分や他者の命を守れるのか、何を学べばそれが達成できるのか、学校が社会の安全・安心にとってどんな存在であるべきなのか。教育に関わる者として、そんな問いが湧き出てきます。

記録を学びの資源に

　あの大震災に直面した学校現場での経験に目を向けてみると、その日に至るまでの備えの大切さや、災禍に直面して奮闘した教師たちの存在の大きさに気付かされます。停電のなか、理科の教師が教材の豆電球と乾電池を使って真っ暗な校舎に灯を点したり、長期化した避難所生活で感染症予防のため除菌に知恵を絞ったり、英語教師が海外から送られてきた支援物資の説明を訳して仕分けしたりと、教師たちの多大な活躍を耳にしました。

　学級経営や部活動の運営などで培った、集団に個々の役割を与えながら統率する力が、物資の配給時や避難者の自立を促すのに役立ったと振り返る教師もいます。教師たちは多様な専門的知識・経験を活かして奔走し、地域住民にとっても頼れる存在だったのです。

　なにより、震災からおよそ 1 か月後には学校を再開させ、通学し始めた子どもたちの姿は、多くを失った被災者に希望を届け、生活復興の拠りどころにもなりました。教師たち自身も被災者だったにもかかわらず、災後も遺児・孤児となった子どもに寄り添い、仮設住宅の軒先に足繁く通うなど奔走しました。こうした教師の粉骨砕身の逸話は枚挙にいとまがありません。

　やがて「目の前の子どもに被災した現実とどう向き合わせればよいか」という教育者としての本質的な課題への取り組み、多様な復興教育・震災学習の模索が始まりました。阪神・淡路大震災やそれ以降の大災害後に、被災した子どもや保護者に配慮したうえでなされた語り継ぎの創意工夫に学び、授業の実践事例や子どもや保護者への対応、学校の継続に関する実務の記録もまた残されていったのです。

　災害の記録集は、教師にとって貴重な学びの資源であり、未災の地域や次世代の防災教育の実践に重要な知見を提供してくれます。とはいえ、「震災経験が分厚く丹念に記録されたこれらの良書を熟読して、そこに述べられた豊富な経験から自ら教訓を導き出し、知識を応用・昇華できるまで時間を費やせるほど現場に余裕がない」、との声が教師からは聞かれます。あまつさえ、いじめ・不登校など足下の課題に追われるなか、過剰とも言える学校への期待に戸惑う現実を前にして、学校防災の重要性は強く感じているものの、そこまで手が回らずジレンマに直面しているとの声がしばしば熱意のある教師たちから吐露されます。

学校防災力の「底上げ」のために

　学校防災に必要とされる知識や経験は、幅広く奥深いものです。管理職や防災担当の教師に任せておけばよいというものではありません。一口に学校や教師といっても、多様な専門、校種、幼児・児童・生徒の発達段階があり、「防災」の学び方、教え方も一様ではないのです。既存の教科や特別活動などにどれだけ防災の要素を盛り込むかは、教師個々の意欲と工夫に任されている側面があり、それだけに戸惑い、試行錯誤している教師たちが多いようです。全国津々浦々に存在する学校で、特有でありながらも多様な環境に応じた備えをしつつ、専門を活かしながら臨機応変な対応をしなければなりません。公的な教育機関である学校ならではの防災への貢献には、地域の拠りどころにもなってほしいという大きな期待も寄せられます。そのためにも教師の防災に関する力の「底上げ」が早急な課題なのです。また、防災について学びを深めたい、学び直したい、でも、どこから手を付けたらよいかわからないと感じている教師たちも多いと思います。

　本書はそんな思いを抱く読者に少しでも役に立ちたいという願いから構想しました。まずは、学校防災の学びの主なテーマを知り、過去の災害事例もふまえて、防災の基礎を押さえるというのが目的です。校種や専門性にかかわらず、教師自身が子どもの命を守り、教え子が学び舎を巣立った後も生涯にわたって、自分とまわりの大切な人たちとともに生き抜く力を高められるよう、学校防災の学びの入り口となる内容を厳選しました。

　本書の執筆陣の顔ぶれは多彩です。我が国の防災教育が本格化された阪神・淡路大震災以降、地域や学校、大学で防災教育・啓発に携わってこられたベテランの専門家や、東日本大震災を契機として被災地と深く関わるようになった気鋭の研究者など、いずれも、防災へ熱い思いを持ち、学校教育へ可能性を感じている第一線の方々です。それぞれの著者に学校における防災力向上に必要な基盤的な知識を身に付け、それを実践で活かすための内容を吟味してご執筆いただきました。

　「教師のための」と題していますが、多様な読者層を想定しています。教壇に立つ現職の教師だけでなく、教職を志す学生や、学校と手を携えて地域の防災活動に尽力する一般市民の防災学習にも役立つように本書を作成しました。

　現職の先生方は、勤務先の学校の組織、立地、周辺環境などと照らし合わせながら読み進め、特に大事だと感じた内容を、短い時間でも結構ですので、ぜひ同僚の先生とも共有する機会を設けてください。赴任してまもない先生は、子どもたちと一緒に学校周囲の自然環境や社会特性について理解を深める際

の視点や方法のヒントも得られるでしょう。学校が地域に開かれ、専門家とも連携して、安全を確かなものにしていく、その営み自体が社会の安全・安心に貢献するだけでなく、持続可能な社会づくりという地球規模の課題にもつながるという視点も得られるはずです。多様性が重視される今日、様々な立場や世代の人々が協働して社会の課題解決に不可欠となっています。2015 年に採択された国連の「仙台防災枠組 2015-2030」や、「持続可能な開発目標（SDGs）」にも、マルチステークホルダー、すなわち多様な主体が協働して課題を解決する必要性が強調されています。

防災教育の可能性や奥深さ実感を

　教職を志す学生には、本書全体を通じて、教師として自分が学校の防災に、そして社会の防災力向上にどんな貢献をし得るのかを想像しながら、自分が通っていた学校で受けた防災教育や訓練なども思い出しつつ、学習してほしいと思います。本書で扱う内容は、大学で開講されている地理学、教育学、社会学、心理学、情報科学などの専門分野の授業での学習と関連付けてみると、さらに理解を深められるものばかりです。本書を入り口にして、興味を持ったテーマの様々な知識や経験を蓄積してください。同時に現在、学校現場で実践されている様々な防災学習について知ることで、防災教育の可能性や奥深さを実感してほしいのです。

　また、本書には、学校と関わりながら日々防災に取り組む市民の皆様にとっても有益な内容が多く含まれています。地域の防災リーダーのなかには、学校との関わり方に悩んでいる方も少なくないでしょう。教師たちが学校という組織で災害にどう備え、どんな工夫をして、地域のリーダーや専門家とどのように手を取り合い、次世代の社会の担い手にどのように「生きる力」を身に付けさせようとしているのかが、教師目線で書かれているため、それから得られるヒントも多いはずです。

　本書では、経験を具体的な教訓まで落とし込み、学校の内外での実践に結び付けられるよう、構成を工夫しています。全体を通じて、各章で取り扱うテーマについての簡単な解説を冒頭に入れ、過去の災害等からの経験・教訓や、既に実践されている事例が続きます。それをふまえて自分の学校等ではどんなふうに具体的な取り組みに結び付けられるかを省察する、という 3 段階で構成されています。

　各章の最初のページには、章の内容がどの学校種や教科と関連が深いかを検討して見出しを付しました。いうまでもなく、これらは便宜的な分類であり、記載されていなくとも関わりがある校種や教科はあるはずですが、まずは本書が扱う学校防災に関する幅広いテーマのなかで各章の位置付けを知るひとつの目安としてください。また、欄外には、重要な用語や制度等の解説も載せています。地図など、カラー印刷のほうが理解しやすい図版は冒頭のカラー口絵のページに寄せています。なお、各章の内容を取り上げた「ねらい」については、第 1 章の終盤で触れています。

　各章の最後には「学習ドリル」という項目を設けています。ぜひ、その章での学びを実践できたかを確認してみてください。職員会議など現場の教師が同僚との話し合いを通じてそこでの学びを確認するという作りになっていますが、広く読者自身がその章の学びを振り返るための問いとして活用してください。

予測困難な未来を生き抜く

　未曾有の東日本大震災から 10 年。2016 年の熊本地震や 2018 年の北海道地震を始め、御嶽山の噴火、そして相次ぐ風水害など、その後も国内外で自然が猛威を振るい、多数の犠牲者が出ました。また、世界的な気候変動で、自然災害も激甚化し、我が国が戦後の高度成長を経て防災大国として整備したハードインフラの整備基準を超えた被害をもたらしています。こうしたハード対策だけでは人の命が守れない現実を日々つきつけられ、近い将来、首都直下地震や南海トラフ巨大地震とそれに伴う大津波なども、高い確率で発生すると科学者たちに警告されています。

　くわえて 2020 年には、新型コロナウイルス感染症の世界的蔓延により、それまでの生活様式の変革を迫られました。気候変動やパンデミックにより、地球に生きる私たち人類は、自然との関わりのなかで「これまで経験したことのない」危機への対応や備え、そしてリスクとともに生きる新常態を求められています。変化への適応を余儀なくされているのです。

　その変化は急速かつ予測が難しいものです。先が読めない東西冷戦後の状態をさした「VUCA」という軍事用語が、近年、広く一般に使われるようになってきました。Volatility（不安定さ）、Uncertainty（不確実さ）、Complexity（複雑さ）、Ambiguity（曖昧さ）の頭文字をとったものです。こういう時代に生きる私たちに求められるのは、しなやかで柔軟な適応力とそれを支える科学技術イノベーションです。

　思い起こせば、阪神・淡路大震災が起きた 1995 年がボランティア元年と後に呼ばれるようになったのは、全国からの大勢の支援者が被災地を支えたからです。これを機に成立した NPO 法のもと設立された多くの団体が、後の災害被災地を多様な分野で支援しました。Windows 95 という OS を搭載したパソコンが爆発的に売れ、家庭にコンピュータが普及したのも同じ年です。当時のインターネットの家庭での普及率は 3.3％。携帯電話は限られた人たちが仕事用に持っていた時代です。2011 年の東日本大震災当時は、広がり始めたスマートフォンや SNS が救助や被災者の生活支援に役立ったようです。そして、あの震災の頃には普及していなかったドローンが、いまや災害現場だけでなく、平時でも身近な存在になってきました。

　未来の創造は、過去の経験と教訓の上に成り立っています。人類は、過去から現在に至る変化に適応してイノベーションを興して進化し、希望を持って生きてきたのです。そしてその変化は加速しています。新たな発想を得るためには、置かれた環境や時代に見合ったマインド、そして広い視野を持ち、しなやかに、レジリエントに適応する必要があります。そのためには不確かな時代を担う子どもが、しなやかに生きていくための適応力を身に付けさせる教師の役割が非常に大きく、教師は、時代の変化を敏感に捉え、学び続ける必要があります。

　災害の経験や教訓、復興の過程で再起した人たちの生き方に触れ、自らの社会や地域との関わりを考え、未来を描く——。幅広い視野で防災を捉え、それを軸に学校防災を持続発展させる取り組みが、激動の世界にあるなか、子どもたちが明るく前向きに生きていくための未来を切り拓く、地道でありながら大きな一歩となるはずです。それを担わんとする方々にとって本書が少しでもお役に立てば幸いです。

　　2021 年 2 月

　　　　　　　　　　　　　　　　　　　　　　　　　　　　　編著者　小田隆史

目　　次

第1章

学校防災の基礎と意義
―学習帳の活用法―

学習のポイント

❶ 学校の諸活動が防災・減災とどのように関わるかを知る。
❷ 平時の教職員の防災管理と防災教育について知る。
❸ 本書を通じて教員の防災学習の進め方を考える。

1.1 総　説

　本章は、本書全体での効果的な防災学習につなげるために、前提となる学校防災の制度的位置付けや、社会の防災・減災において学校がどのような役割を果たし得るのかを提示します。まずは災害発生直後のある学校の対応を例に、災害時の経験に触れながら、次章での学習を通じた本書の活かし方を提案します。

1.1.1 学校と防災

　そもそも学校という組織、教員という個人にとって防災はなぜ大切なのでしょうか。言うまでもなく第一に、保護者から預かっている子どもの命を災害から守る重責を負っているからです。特に小・中学校は義務教育のため、保護者は子どもを通学させなければなりません。さらに公立であれば原則、住民票を置く自治体が指定する学校に子どもを通わせることが定められています。つまり、保護者は学校や教員を選ぶことができません。どの学校に預けても安全は一様に確保されている、という信頼のもとに公教育は成り立っていると言えるためです。

　災害――とりわけ自然災害に直面したとき、学校を構成するすべての人の命が守られるよう、事前の備えや訓練が学校と教員に求められます。また学び舎からやがて巣立っていく子どもが、もしものときに、自らや大切な人の命を守る適切な行動を一生涯にわたりとれるようにするために、必要や知識や経験、資質・能力を身に付ける場でもあります。

　他にも学校は、災害時に地域住民が頼る拠りどころとしての役割も期待されています。全国津々浦々に存在し、その公共性ゆえ法令により災害時の避難所や公職選挙の投開票所など、公益のため、学校施設の目的外使用が認められています（☞＊1）。災害対策基本法（☞＊2）に基づき自治体が策定する地域防災計画が定める避難場所として定められる場合が多いため、自治体防災担当部局から災害時の備蓄品（図1.1）や防災行政無線などが設置さ

＊1　災害対策基本法第六十二条2
市町村の委員会又は委員、市町村の区域内の公共的団体及び防災上重要な施設の管理者その他法令の規定により応急措置の実施の責任を有する者は、当該市町村の地域に係る災害が発生し、又はまさに発生しようとしているときは、地域防災計画の定めるところにより、市町村長の所轄の下にその所掌事務若しくは所掌業務に係る応急措置を実施し、又は市町村長の実施する応急措置に協力しなければならない。

＊2　災害対策基本法第四十九条の四
市町村長は、防災施設の整備の状況、地形、地質その他の状況を総合的に勘案し、必要があると認めるときは、災害が発生し、又は発生するおそれがある場合における円滑かつ迅速な避難のための立退きの確保を図るため、政令で定める基準に適合する施設又は場所を、洪水、津波その他の政令で定める異常な現象の種類ごとに、指定緊急避難場所として指定しなければならない。

れています。また、施設の耐震化はもちろん、太陽光などを使った発電装置、地域住民が直接屋上に避難できるようにするための外階段の設置など、近年様々なハード対策も施されています（**第4章**）。

　実際の災害で教職員が避難者を受け入れたり、避難所の運営を支援したりするケースも多く見られます。公立学校に勤める公務員たる教員であっても、災害時には学校再開等の本来業務に専念すべきことから、避難所運営の主体になることは制度上要請されていません。しかし、現実的には学校施設のことを一番よく知る関係者であることから、あくまで行政の担当者の役割を補完する措置として、**自主防災組織**などと連携して避難所運営に協力するなど、公務の一環として災害時の対応の一翼を担う可能性があります（文部科学省「大規模災害時の学校における避難所運営の協力に関する留意事項」）。

図 1.1　小学校の敷地内に設置された倉庫内の防災備蓄品（横浜市、小田隆史撮影）

1.1.2　防災管理と防災教育

　ここからは、学校防災に関する制度と分類について述べます。学校防災に最も関係が深い**学校保健安全法**は、学校の設置者や行政、学校・校長が学校保健と学校安全に関して行うべき事項を定めています。この法律は、主に感染症の予防等を含めた子どもや教職員の健康について管理することを目的に戦後制定された学校保健法を改正したものです（学校の管理下や通学途中に子どもが事故や事件に遭遇するなど、子どもをとりまく安全環境が変化したことを受け改正、「安全」という用語が追加され2009年4月に施行されました）。

　2011年の東日本大震災以降、学校安全が各地で強化されていますが、その取組には、地域差や学校、教職員による差もみられます。また、同法により義務付けられている**学校安全計画**や**危険等発生時対処要領**はほぼすべての学校において策定されているようですが、その内容が学校や地域の実情に即したものであるかどうかなど、その実効性の確認は課題となっています。

　学校保健安全法は、いわゆる防災を意味する**災害安全**の他に、**交通安全**と**生活安全**（防犯）を合わせた3つの安全領域を明記しています。本書は、同法における「災害安全」に関する内容を主に扱いますが、他の2つの安全を確保するために役立つ内容も多く含んでいます。

　同法ではそれぞれの安全領域を「安全管理」と「安全教育」に大別しています。防災に置き換えてみると、「防災教育」と「防災管理」と表現でき、それらを両輪と捉えると、「組織活動」がその傍らに支えるものとしてあると解されます（図1.2）。

　学校という組織として、災害時の備えや避難計画、日頃から訓練を実施し

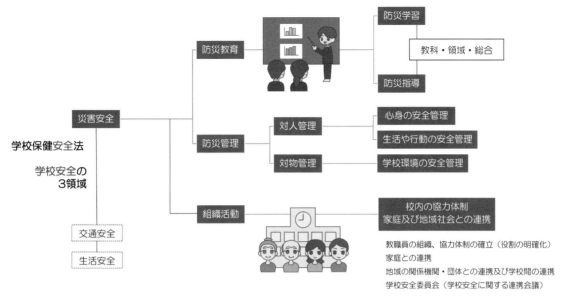

図1.2　学校安全と防災の概念
文部科学省（2019）をもとに作成

てその有効性を確かめ改善するなど、学校運営上の**防災管理**がまず大きな柱
の1つに位置付けられます。

　他方、学校の本来業務である、子どもに知識、技能を身に付けさせる**教育
的**側面から社会の防災力向上に貢献するという、もう1つの重要な役割もあ
ります。これを、防災管理と両輪をなす**防災教育**と位置付けます。**学校教育
法**においても、義務教育における達成目標に「健康、安全で幸福な生活のた
めに必要な習慣を養うとともに、運動を通じて体力を養い、心身の調和的発
達を図ること」（第21条）を掲げています。子どもが大人になっても生涯に
わたって危険を回避し、災害に直面した際に適切な判断と行動ができるよう
必要な力を付けさせる、これが防災教育の目標であり、社会全体の防災力向
上にも学校教育が重要な役割を負っていると言われる所以です。

　次に、教職員の組織体制・役割分担、家庭や地域の関係機関、学校間での
連携を協議、調整するなど、学校防災が有効に作用するための**組織活動**が肝
要です。「防災教育」と「防災管理」の両者が効果的に行われるよう組織の
体制を整えるという、柱になる取組です（**第7・8章**）。

1.2　事例・教訓に学ぶ

　この学習帳は、第3章以降では各章の中央の節に、実際の災害時の、学校
現場等での具体的な実践事例などを概説しつつ、そこから得られた教訓と課
題について整理します。本章では主に東日本大震災時に学校で起きた出来事
を振り返っていきます。

1.2.1　東日本大震災と学校

＊3　大川小津波訴訟
23人の児童の遺族が、市と県に損害賠償を求めた国家賠償訴訟。2019年10月に最高裁は、震災前の事前の学校防災の不備を認定した二審判決（仙台高裁）を確定、結審した。

＊4　荒浜地区の震災遺構
旧荒浜小学校に避難した人たちは全員救助されましたが、地区においては200人もの人たちが犠牲となりました。海辺には、犠牲者の名前が刻まれた慰霊碑が建立されました。この地区の震災前の日常や震災当日の様子、そして復興への思いを語り継ごうと、旧校舎や住宅の基礎部分を遺構として保存した追憶・追体験の場所として公開され、震災・防災学習への活用も広まっています。詳しくは、宮城教育大学のページを参照してください（URLは参考文献9））。

＊5　自治体が地域防災計画において定めるもので、「いっとき避難場所」「緊急時避難場所」「避難地」…などと異なる用語が用いられています。また、災害の種別によって、避難場所として適切かどうかを示した一覧を作成している自治体も多いので、自校がどの種別の災害に対応した避難場所に指定されているか、考えておきましょう。（第7章参照）

　東日本大震災では、当時学校にいた多くの子ども、教員、ほか学校関係者などの命が犠牲となりました。学校管理下で甚大な犠牲を生じ、賠償責任訴訟にも発展した宮城県の旧・石巻市立大川小学校においては、児童74人、教員10人が犠牲となりました（☞＊3）。本書の執筆時点で、そのうち児童4人が未だ行方不明となっています。一方、下校途中、あるいは、学校に避難をしていたものの保護者に引き渡された後に犠牲になったり、当日学校を休んでいた子どもが自宅で被災したケースもありました。大学生や専門学生を含めて実に600人を超える若き命があの震災で失われたのです。

表1.1　東日本大震災における学校関係者の被害

都・県	死者数（人）						行方不明者数（人）	計（人）
	園児	児童	生徒	学生	教職員	計		
岩手	10	17	61	9	8	105	28	133
宮城	65	165	148	38	20	436	64	500
福島	4	24	48	6	3	85	12	97
東京	0	0	0	0	2	2	0	2
計	79	206	257	53	33	628	104	732

佐藤（2012）

　旧・仙台市立荒浜小学校の経験をたどると、当時の緊迫した様子を想像できます。東日本大震災をもたらした東北地方太平洋沖地震が発生したのは、2011年3月11日の14時46分でした。この日は平日、金曜日。学校には教職員が勤務しており、まだ学校にいた子どももいれば既に下校した子どももいた時間帯でした。地震発生後、周辺の住民を含め多くの人たちが荒浜小学校へ避難してきました。海から約700m、海抜約1.5mに位置するこの学校は、海岸の松林の背後に形成された集落唯一の頑丈な4階建ての建物です。教員たちは学校に残っていた子どもを含む避難者とともに、迷わず校舎上の階から屋上へと避難しました。

　その前年まで、災害時のマニュアルでは、地震発生時は体育館に避難すると定められていたのですが、2010年2月に南米チリ沖で発生した遠地地震により、東北の太平洋岸に津波が到達したときの経験などをふまえて、地震・津波の場合は、直接校舎に避難すると地域住民たちと方針を変更し、合意しておいたのです。

　3月11日に、津波が学校を襲ったのは地震発生から約1時間後でした。津波により、学校周辺はどこが海か陸かもわからない状態になりました。携帯電話は基地局の破損や発信規制などでほとんどつながらず、ちょうどその頃導入された移動系の防災行政無線を屋上に持って行き、バッテリーで動作させ救助を要請しました（**第4章**）。無線機は、320人もの避難者の救助要請をするための唯一の連絡手段として有効活用できました（**震災遺構** ☞＊4）。

1.2.2　避難所の運営と学校再開

　多くの学校施設は耐震化が奏功し、校舎倒壊等による犠牲は生じませんでした。他の地域でも**一時避難場所**（☞＊5）として指定された学校に、地域の住民たちが避難してきた状況が多数報告されています。

　被災を免れた学校施設の多くはその後、中長期の避難所として活用されました。その数は、発災から6日後の3月17日をピークに622校にのぼります。金曜日の昼過ぎに発災したため教職員の多くは学校で勤務をしていました。日々学校で過ごしその物理的環境をよく知っていること、個の意見を引き出し合意を形成する力、集団を統率する力、わかりやすく伝達する力を備えた「教師」という存在は（前述の通り、職務の一環ではないものの）、結果として、発災直後の避難から中長期的な避難所運営へと切り替わる段階においても大きな貢献をしました（**第9章**）。支援に奔走し、何週間も帰宅しなかった人もいます。

　震災直後の作業として、教職員は児童・生徒の安否確認や、学校の再開に向けた様々な対応に追われました。学校施設自体の安全の点検がまず行われました。事前に定められていた**被災文教施設応急危険度判定方法**（☞＊6）を活用して、迅速に被災学校施設が使えるかどうかの判断が行われたそうです。

　仙台市では発災の2日後に、被災した学校を支援するチームを発足させて、学校の復旧と再開に向け以下のような作業支援を実施しました（☞＊7）。そして、3月24日の合同校長会で、震災から1か月を目途に順次学校を再開させるという明確な目標日を設定しました。こうして無事、4月12日に学校を再開させることができたのです。

　多くを失った被災者にとって、子どもが学校に通えるということ自体が心の支えとなり、「復興に向けての一歩前進」を実感できました。

　他方、福島県では福島第一原子力発電所の事故に伴う避難により、公立の小・中学校では学校教育法施行令に定める**区域外就学**の制度を適用して、学びの機会が確保されました（☞＊8）。また、一部の県立高校は、福島県内各地に「サテライト校」を設置して、生徒が避難先からも継続して通学できるようにしました。専門高校では、教科によっては、教員が複数のサテライト校を掛け持ち、相当の距離を行き来して授業を継続したそうです。2020年に新型コロナウイルス感染症の拡大による学校中断で取り入れられたオンラインツールがまだ普及していなかった当時、こうした別の奮闘があったのです。

＊6　被災文教施設応急危険度判定方法

文部科学省は、阪神・淡路大震災での調査をふまえ、1996年9月に「被災文教施設応急危険度判定に係る技術的支援実施要領」と「被災応急危険度判定に係る技術的支援実施要領の運用について」を定め、学校の設置者等が応急危険度判定できない場合に備え、要請に応じ調査団を派遣する支援体制を整備していた。2001年度には、日本建築学会が文教施設を対象とした応急危険度判定マニュアルの作成を委託され、その成果として「被災文教施設応急危険度判定方法」がとりまとめられた。

＊7　仙台市津波被災校担当チームの主な支援内容

- 仮職員室を近隣施設に配置
- 児童生徒の安否確認
- 職員の移動手段の確保
- 情報の集約
- 表簿等、重要書類の回収
- 卒業式・入学式等の会場確保、準備
- 学校備品、学用品の手配（災害救助法に基づく支援、国内外からの支援、PTA協議会による支援）
- スクールバス運行ルートの作成

図1.3　段ボールの間仕切りを設置して体育館で授業を再開した中学校（写真提供：仙台市）

1.3　本書を自校でどう活用するか

＊8　学校教育法施行令第九条
児童生徒等をその住所の存する市町村の設置する小学校、中学校（併設型中学校を除く。）又は義務教育学校以外の小学校、中学校、義務教育学校又は中等教育学校に就学させようとする場合には、その保護者は、就学させようとする小学校、中学校、義務教育学校又は中等教育学校が市町村又は都道府県の設置するものであるときは当該市町村又は都道府県の教育委員会の、その他のものであるときは当該小学校、中学校、義務教育学校又は中等教育学校における就学を承諾する権限を有する者の承諾を証する書面を添え、その旨をその児童生徒等の住所の存する市町村の教育委員会に届け出なければならない。

　本書はすべての章の最後の節に、扱ったテーマに応じて実際に自分が勤務している／将来勤める学校において、どのような防災実践に取り組めばよいかのヒントを示しています。ここでは、本書全体の活用法について概説します。

1.3.1　教師同士の学び合いのことはじめ

　まずは、自校の「安全マニュアル」や学校安全計画を手元に置いて、全体を眺めてみましょう。目次の項目を読み、本書の各章のテーマ・内容のどの部分と関連するかをメモするとよいかもしれません。

　安全計画の内容を、本書を添えて新任の教員に説明したり、疑問な点、気付いた点を教員間で共有し合うことは、学校防災を管理職任せにせず、当事者意識を持って取り組むための第一歩です。例えば、最も身近な避難訓練の機会に、安全マニュアルや年間の学校安全計画の有効性を確認し、改善するための実践方策を、チェックリストや引き渡しカードの例（図2.2〜2.5）とともにできるだけ具体的に考えてみましょう。自校のマニュアルとどこが違うのか、それがどんな意味を持っているのか書き出してみるのもよいでしょう（**第2章**）。

　こうした事前の計画は、学校のある地域の地形等、自然環境の特徴を把握し、その地域で発生するリスクが高い災害を意識することでその実効性を高められます。過去に周辺で発生した災害履歴を調べたり、経験したことのない自然現象が生じる可能性もふまえた想定外の災害発生を考えるハザード理解の基礎を身に付けておくことは日常生活にも役立ちます。専門的で難しいと感じる場合は、社会科（地理）や理科（地学）の教員や、登山を趣味とする同僚が理解を助けてくれるはずです（**第3章**）。

　実際の災害発生時に起こる混乱や錯綜のなかで、短時間で正確な情報を収集・把握してベストな判断をしたり、関係各所に連絡するための学校における情報インフラを日頃から整備しておくなど、情報リテラシー（情報活用能力）を高めておく心構えも重要です（**第4章**）。災害時に流言やデマが発生し混乱を来すのは、人間の不安心理によるものと言われます。災禍に直面した私たちが陥りやすい心の特性やトラウマなどの心理的対処法についても、養護教諭やスクールカウンセラーなどを交えて、その基礎に触れる機会を設けるとよいでしょう（**第5章**）。

1.3.2　子どもや地域も交えて一緒に考える

　命を守る答えは1つではありません。防災に関する科学技術や災害情報も日々進展しています。いくつかの防災にまつわる問いを立て、命を守り、ともに生き抜くための備えについて、子どもやときには地域の方々と一緒に考

え、学校の防災に活かしたいものです。

　災害を地球規模の視座から捉え、国際的な枠組のもと各国が手を携えて協力しているという認識は防災の視野を大きく広げます。災禍に見舞われても、できるだけ早く学校を再開させ、日々の暮らしを維持するよう尽くすことは人類共通の課題です（**第6章**）。

　"Think Globally, Act Locally" と言われるように、翻って、身近な地域では、教員や大人たちが大切な人たちの安全を確たるものにするため尽力する姿から子どもたちが学ぶことも多いはずです。学校組織の外の多様な主体が、学校運営の様々な場面で支援してくれていることを知るというのも、子どもたちの視野を広げる1つの方法でしょう。普段から、学校が異なる世代や立場の人たちと関わる場にもなって発揮される協働が学校と地域の防災力を高めます。これは先進的な事例からも確証が得られています（**第7章**）。

　ある防災研修をきっかけとして、2006年から専門家や地域と連携して子どもの防災教育に取り組み始めた教員自身の実体験は、防災教育の可能性を如実に物語っています。その防災学習に取り組んだ当時の中学生が成人したいま「震災前の防災学習が生きた」と口々に語っているそうです（**第8章**）。

　こうした災害の経験を「語る」こと、それを聞き、実際に経験していない世代が「語り継ぐ」ことの意味は、阪神・淡路大震災後に子どもたちと一緒に重ねてきた経験からも読み取ることができます。多感な時期の子どもの心模様を捉えながら、他者と関わり、苦節に触れ、そうした当時者性、市民性を育む教育の本質的な目標に立ち返り、学校防災に取り組む意義やその奥深さを再確認したいものです（**第9章**）。

　本書を、必ずしも第1章から順番に読み進める必要はありません。仲間を見つけ、学校安全計画やマニュアルと照らし、着手しやすい分野から学校防災実践の第一歩を踏み出しましょう。

〔小田隆史〕

■ 学習ドリル　職員会議などで、この章の内容をふまえ議論してみましょう

① 学校安全計画の主な取組項目が、防災教育、防災管理、組織活動のどれに当たるか大まかに分類できますか？

② 自校の防災マニュアルは、いつでも取り出せる状態になっていますか？

③ 自校は防災に強い学校と言えますか？　それはなぜですか？

④ 本書をどのような場面で活用したいですか？

コラム　「防災担当教員」─戸惑いから自負へ

　「○○先生、理科だから防災担当してくれる？」校長からそう声をかけられ、断れなかった教諭は、仕方なく防災主任を引き受けました。大学時代はおろか、教壇に立ってからも、学校の防災に関する研修をほとんど受けた経験がないのに、「理科≒災害の発生メカニズムを教えている」といういささか強引な理由で、命を守るための備えや防災教育を任されて、最初は不安を拭いきれなかったそうです。「でも、子どもと一緒に防災に取り組んでみたら意義と奥深さに気づいた」──。筆者が講師を務める学校防災関連の免許状更新講習や被災地研修で、そう語る教員もいます。日々、試行錯誤を重ね、自己研鑽に励む教員たち。学校における防災の役割の重要性を認識し、チームで学校防災力を高めようとする責務や自負を抱く教員の姿にはいつも感心させられます。

参考文献

1）　大阪教育大学附属池田小学校（2017）『学校における安全教育・危機管理ガイド』，東洋館出版社
2）　佐藤　健（2012）「学校の管理下における防災教育」，日本スポーツ振興センター『学校の管理下の死亡・障害事例と事故防止の留意点〈平成 23 年版〉』，142-150
3）　日本安全教育学会編（2013）『災害─その時学校は事例から学ぶこれからの学校』，ぎょうせい
4）　宮城教育大学・国土交通省東北地方整備局（2020）『いのちを守る教員のための防災教育ブックレット』
　　http://drr.miyakyo-u.ac.jp/eduport/
5）　文部科学省初等中等教育局（2017）「大規模災害時の学校における避難所運営の協力に関する留意事項について（通知）」，
　　https://warp.ndl.go.jp/info:ndljp/pid/11539151/www.mext.go.jp/component/a_menu/other/detail/__icsFiles/afieldfile/2018/07/30/1407232_22.pdf
6）　文部科学省（2011）「東日本大震災による被害情報について（第 155 報）」
7）　文部科学省（2019）『学校安全資料「生きる力」をはぐくむ学校での安全教育（改訂 2 版）』，
　　https://www.mext.go.jp/component/a_menu/education/detail/__icsFiles/afieldfile/2019/04/03/1289314_02.pdf
8）　渡邉正樹・佐藤　健編（2019）『レジリエントな学校づくり─教育中断のリスクと BCP に基づく教育継続』，大修館書店
9）　宮城教育大学防災教育研修機構〈311 いのちを守る教育研修機構〉，「災害メモリアルに学び，描く未来」
　　http://drr.miyakyo-u.ac.jp/memories/

第2章

避難訓練を見直す

学習のポイント

❶ PDCAサイクルのなかで、避難訓練の評価の重要性を理解する。

❷ 子どもの主体性をはぐくむための避難訓練の創意工夫について考える。

❸ 家庭・地域との協働による避難訓練・防災訓練の方法を考える。

2.1　総　　説

　この節では、学校における避難訓練について目的の整理を行い、PDCAサイクルのなかでの避難訓練の重要性や、子どもの主体性をはぐくむ避難訓練の工夫について理解を深めていきます。

2.1.1　避難訓練の目的

　避難訓練は、危険等発生時に危機管理マニュアルに基づく教職員の役割等の確認を行います。また、子どもが安全に避難できるようその実践的な態度や能力を養うとともに、災害時に地域や家庭において、自ら進んで他の人々や、地域の安全に役立てるようになることを目指して実施するものです。このことからもわかるように、避難訓練には、危機管理マニュアルの確認・見直し、および子どもへの防災教育という主に2つの大きな目的があります。

　危機管理マニュアルは、学校保健安全法第29条（☞＊1）において各学校が作成するものとされています。学校安全計画を基に、学校管理下で危険等が発生した際、教職員が円滑かつ的確な対応を図るために、危機管理を具体的に実行するための必要事項や手順等を、各学校の実情に応じて想定される危険を明確にしながら、事前・発生時・事後の3段階の危機管理を想定して示したものです。ここでは、教職員の役割等を明確にしながら、子どもの安全を確保する体制を確立するために必要な事項を全教職員が共通に理解しておく必要があります。また家庭や地域等に周知し、地域全体で安全確保に向けた体制を整えていくことが重要です。そして、この危機管理マニュアルは作成した後も、避難訓練等の結果をふまえて、検証・見直しをくり返していかなければなりません。

　そして、避難訓練は子どもに対する防災教育として重要な役割をもっており、主に特別活動のなかで行われます。避難訓練の指導は、学校／地域の実情に即して予想される様々な事態を想定し、年間を通じて計画的に行っていかなければなりません。日頃の教科横断的な防災に関する学習で学んだ知識

＊1　学校保健安全法第29条

学校においては、児童生徒等の安全の確保を図るため、当該学校の実情に応じて、危険等発生時において当該学校の職員がとるべき措置の具体的内容及び手順を定めた対処要領（次項において「危険等発生時対処要領」という。）を作成するものとする。

※筆者注：ここに引用した条文中の「次項」とは第29条第2項を指すが本書では省略する。

や技能を活用し、子どもが主体的に考え行動できるよう工夫していくことが大切です。

2.1.2　PDCA サイクルにおける避難訓練の位置付け

＊2　学校保健安全法第27条
学校においては、子どもの安全の確保を図るため、当該学校の施設及び設備の安全点検、子どもに対する通学を含めた学校生活その他の日常生活における安全に関する指導、職員の研修その他学校における安全に関する事項について計画を策定し、これを実施しなければならない。

＊3　PDCA サイクル
計画（PLAN）－実施（DO）－評価（CHECK）－改善（ACTION）の各段階をくり返すことで、継続的に改善を進めていくこと。

　学校安全計画は、学校保健安全法第27条（☞＊2）により、すべての学校で策定・実施が義務付けられています。これは年間を見通した安全に関する諸活動の総合的な基本計画であり、PDCA サイクル（☞＊3）のなかで取組の状況をふり返り、点検し、次の対策につなげていくことが必要です（図2.1）。そして、各学校の学校安全計画をふまえ、危機管理を具体的に実行するための必要事項や手順等を示したものが、危機管理マニュアルとなります。この危機管理マニュアルについても、実際に機能するかどうかを、避難訓練等を基に検証し、定期的に見直し・改善を図っていく必要があります。その際、避難訓練での問題点や課題などに加え、校内の分担や組織の変更の有無、施設・設備、通学路の状況、地域や関係機関との連携などについて変更点などはないか等を加味し、改善を進めていきます。つまり、避難訓練の問題点や課題を明らかにすることは、危機管理マニュアルや、学校安全計画の見直しのために、とても重要なプロセスであると言えます。

　しかしながら、避難訓練の実施中には、教職員は各自の役割を遂行しなければならないため、校内のあらゆる場所で、全校生徒の避難行動が同時に進行していくなかで、同時に全体の様子を観察することは容易ではありません。そのために、第三者による参観・評価を実施し、生じた課題等を少しでも多く見つけることが求められています。この第三者としては、保護者・地域住民、専門家、他校の防災担当の教員、警察・消防関係者、自治体職員等が考えられます。毎回の避難訓練に外部から参観者を呼ぶことが困難な場合は、校内の教職員が持ちまわりで観察・評価の役割を行うことも考えられます。

　例えば、宮城県の一部の市町村のように、教育委員会の指導主事等や、安全担当主幹教諭等による避難訓練の参観・評価の取組をすすめている自治体もあります。避難訓練実施後は、参観した第三者から自校の避難訓練の実情を評価してもらい、明らかになった課題に対して改善を図るようにします。学校独自での解決が困難な場合は、教育委員会、関係機関、専門家等に協力・支援を要請し、外部機関の指導・助言も得ながら改善を進めていきましょう。

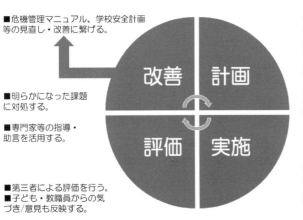

■危機管理マニュアル、学校安全計画等の見直し・改善に繋げる。

■明らかになった課題に対処する。

■専門家等の指導・助言を活用する。

■第三者による評価を行う。
■子ども・教職員からの気づき/意見も反映する。

■学校の立地条件、実情に即した緻密な災害想定をする。

■授業中のみならず、休み時間/部活動中等の様々な場面を設定する。

■子どもの主体性を発揮できるように、創意工夫する。

改善　計画
評価　実施

図2.1　避難訓練における PDCA サイクル
（文部科学省（2018）をもとに筆者作成）

危機管理マニュアルに基づき、想定している危険に対する避難訓練を実施し、その避難訓練の結果を評価、検証し、危機管理マニュアルの見直しや改善につなげていくことで、各学校の危機管理マニュアル・学校安全計画がより実効性のあるものになっていくはずです（表2.1）。

2.1.3　主体性をはぐくむ避難訓練

避難訓練は、災害発生時に子どもが自発的に他の人々や集団、地域の安全に役立てるようになることも目指す必要があります。学校安全計画に基づく、教科横断的な防災に関する学習で得た知識や技能を、子どもが自らすすんで活用できるよう、創意工夫した避難訓練を実施していくことが大切です。授業中における避難訓練だけでなく、休み時間、部活動中、登下校中など、教職員の指示がない場合でも子どもが自らの安全を守る行動をとることができるようくり返し指導していくべきです。また発達段階等に応じて、教職員の指示を最小限とする、予定していた避難経路が使用できないようにする、ケガ人の発生を想定するなど、子どもが自ら考え行動する場面を設定することも、子どもの主体性をはぐくむ上で有効です。その際、事前学習および事後学習を丁寧に行う必要があります。

表2.1　避難訓練の実施中における教職員の取組を評価する際の項目案（筆者作成）

防災教育
〈1〉的確な声かけ
〈2〉安心させられるような声かけ
〈3〉明確な指示
〈4〉創意工夫

防災管理
①安全な避難行動
②本部の設置
③情報の入手／整理
④非常持ち出し袋
⑤避難経路の確認／周知
⑥子どもの安全確認
⑦不測の事態への対応

2.2　避難訓練の実施の流れ

東日本大震災後に実施された被災3県の学校等を対象とした調査では、「教職員の連携」、「地震発生時の児童生徒等の安全確保」について、8割近くの学校で避難訓練の効果が認められた一方、授業中のみを想定していた点や、放送機器／通信手段などが使用できないことを想定していなかった点など、避難訓練における課題も明らかとなりました。避難訓練は、火災、地震・津波、風水害、原子力災害、不審者対応等を想定して計画することになります。それぞれの災害等に対し、学校が立地している環境等をふまえ（**第3章**）、実践的な避難訓練を実施していくための方策について検討します。

2.2.1　避難訓練の計画

避難訓練の事前学習においては、避難訓練の意義を理解し、発達段階に応じて、災害等から自らの命を守るために必要な知識や技能を身に付けることができるように指導していきます。

各学校の立地条件等に応じて、どのような危険があるのか、そして、その危険からどのように身を守るのかについて、多角的に学校の実情を考慮していくことが大切です。例えば、主要なターミナル駅の近隣であれば、多くの帰宅困難者が避難してくる可能性もあります。同様に、商店街、住宅街、工場地帯等、学校周辺の社会的な環境も多様です。また、昼間／夜間、平日／休日では、地域住民等の構成が同一とは限らず、このことは学校への避難者

訪問校	県・市・町・村立　　　　　　幼・小・中・高・特支		
実施日時	令和　　年　　月　　日（　　）　　時　　分　から　　時　　分		
目標			
災害想定			
場面	□授業中　□休み時間　□部活動・放課後　□登下校　□学校行事　□その他（　　　　　）		
一次避難	□普通教室　□特別教室　□体育館　□校庭　□その他（　　　　　　　　　　　　　　　）		
二次避難	□校庭　□校舎（　　　　　階建て校舎の　　　階）□その他（　　　　　　　　　　　　）		
三次避難	□校地外（　　　　　　　　　　　　　　　　）□その他（　　　　　　　　　　　　　　）		

●緊急地震速報受信機を訓練モードにて使用しますか。
　使用する・使用しない・設置されていない
●管理職等が不在の想定をしていますか。
　想定していない・想定している　（⇒不在と想定する教職員名：　　　　　　　　　　　　）
●児童生徒等は、これから避難訓練が実施されることを知っていますか。
　日時を知っている・日付のみ知っている・知らない
●自校の教職員・児童生徒等以外に、今回の避難訓練に参加する方（保護者・地域住民等）はいますか。
　いない・いる　（⇒　　　　　　　　　　　　　　　　　　　　　　　　　　　　　　）
●避難訓練後、その他の防災訓練を実施しますか。実施する場合は、マルをつけてください。
　引き渡し訓練・避難所開設訓練・防災備品の使い方訓練・その他（　　　　　　　　　　　）
●その他、不測の事態や特別な状況等を想定している場合は、ご記入ください。
　（　　　　　　　　　　　　　　　　　　　　　　　　　　　　　　　　　　　　　　　）
　　例：校内放送・非常放送が使用できない、傷病者・安否不明者の発生、非構造部材の損壊、教職員にも避難訓練のシナリオを伏せている、等

図2.2　避難訓練の計画案

■目標：「主体的な初期対応を徹底する」のように、毎回の避難訓練に対し、目標を設定しましょう。子どもの目標、教職員等の目標を分けて記載しても構いません。
■場面以下の□には当てはまるものにチェックを入れてください。
みやぎ避難訓練指導パッケージ作成委員会（2021）より一部抜粋。

の構成や、発災時の地域との協力体制にも関わる事柄となります。加えて、避難経路についても、予定していた避難経路が二次災害により使用できない場合も考えられ、複数の経路を設定しておく必要があります。校外の避難場所へ避難を検討する際には、学校周辺の道路状況、また地域住民とともに避難をするにあたり、その際の避難経路の混雑の度合いなども、事前に検討しておくべきです。

　これらの点をふまえ、緻密な災害想定をしながら、図2.2のような**避難訓練計画**を作成していきます。そして、この計画を基に、発災から避難完了までをタイムラインに表すことになります。縦軸に時間、横軸に、本部の動き、教職員の動き、子どもの動き、保護者・地域住民等の動き、のような項目を設け、それぞれの避難行動がわかるように記載しましょう。災害想定や場面、状況を整理し、年間を通して、子どもが様々な避難訓練を経験できるように工夫するとよいでしょう。

2.2.2　避難訓練の実施

　「避難行動」は、数秒から数分、数時間後に発生するおそれのある危険等

から「命を守るための行動」とされてい
ます。

　避難訓練の実施にあたっては、子ども
の指導と同様に、教職員自身も危機管理
マニュアルに基づく自身の役割を着実に
遂行していくことが求められます。教職
員の役割としては、本部、誘導検索班、
情報収集班、救護班、搬出班、避難者対

表2.2　校内の役割分担例（筆者作成）

班	主な役割
本部	全体の指揮、避難の判断
誘導検索班	避難経路の確認、避難誘導、避難後の検索
情報収集班	情報収集、情報の整理、保護者・関係機関等への連絡
救護班	傷病者の把握・救護、応急手当
搬出班	非常持ち出し袋、その他避難に必要な物の搬出
避難者対応班	避難者への対応、要配慮者の避難補助

応班等が考えられます（表2.2）。各班については、出張等で不在の場合な
どを考慮し、可能な限り複数の教職員を配置しましょう。小規模校などにお
いては、複数人で複数の班を兼任する等の工夫が必要になることもあります
が、いずれにせよ各班1名のみという状況をできる限り避けるように配置を
していくこととします。

2.2.3　避難訓練のふり返り

　避難訓練の終了後には、毎回、事後指導としてふり返りを行うようにしま
す。避難訓練を主体的にふり返り、自然災害に関する様々な課題に関心をも
ち、学校を含めた地域社会の防災にすすんで参加・貢献しようとする態度を
身に付けられるように指導することが重要です（**第7〜9章**）。

　ふり返りシート等を作成することで、避難訓練の目標をふり返り、自身の
避難行動を見つめる時間を設けるとよいでしょう（図2.3）。その後、学級
全体での話し合いの時間をつくり、個人の課題だけでなく、全体の課題にも
目を向けられるようにしていきます。そして、校内の防災だけでなく、地域
の防災についても興味や関心をもつことができるよう発展させていきます。

　それに加えて、避難訓練に参加した教職員についても、子どもと同様に、
ふり返りシートなどを準備して、毎回のふり返りを行うようにします（図
2.4）。教職員からの意見や気付きは、防災の担当教員等が取りまとめ、職員
会議で共有するなどすると効果的です。そして、子ども・教職員から出た意
見や気付きは、地域学校安全委員会での協議の際にも取り上げ、避難訓練、
危機管理マニュアルを見直す際の参考として活用していきます。

2.3　多様な避難訓練・防災訓練

　地震、火災、風水害、原子力災害、不審者対応など様々な危険を想定し、
避難訓練をしていく必要があります。ここでは、特に地震に対応する避難訓
練、様々な場面で必要となる引き渡し訓練、および家庭・地域との協働につ
いて検討していきます。

小学生用ふり返りシート

年　組　番　氏名

【1】目標の確認

①今回の避難訓練の目標を書きましょう。

②目標にそった避難行動をとることができましたか。

できた・まあまあできた・あまりできなかった・できなかった

【2】自身の行動について

①よくできた点を書きましょう。

②あまりできなかった点を書きましょう。

③次の避難訓練で、心がけることを書きましょう。

【3】全体について

①気づいたこと、感じたこと、直したほうがよいことなどを自由に書きましょう。

図 2.3　小学生用ふり返りシート（筆者作成）

教職員用ふり返りシート

氏名

①子どもの取組について、気づいた点を書いてください。

②自身の取組について、気づいた点を書いてください。

③全体について、よくできていた点を書いてください。

④全体について、改善や工夫が必要な点を書いてください。

⑤その他、質問、提案等がございましたら、お書きください。

図 2.4　教職員用ふり返りシート（筆者作成）

2.3.1　地震に対する避難訓練

　地震を想定した避難訓練を実施する際、揺れが発生した場合の初期対応は、ものが「落ちてこない」「倒れてこない」「移動してこない」場所に避難し、安全を確保することが基本です。たとえ教職員の指示がなくとも、子どもが自ら迅速にこのような場所を見つけ、避難行動をとることができるようにしておく必要があります。避難訓練の事前指導や、普段の防災教育において、発達段階に応じて、教室や校舎内・校地内、通学路、家庭等の様々な場面を想定し、どのような場所に身を寄せるべきかということを話し合い、迅速に判断と行動ができるよう避難訓練をくり返していくことが大切です。また、より実践的な避難訓練となるよう緊急地震速報を活用することも有効です。

　初期対応により身の安全を確保し、揺れが収まった後は、二次対応について判断する必要があります。地震を想定した場合、複数の二次被害が発生する可能性が考えられます。例えば、津波（海からの津波、河川を遡上してくる津波）、校内からの出火、近隣から延焼、校舎等の損壊・倒壊、非構造部材の落下、土砂災害、液状化等です。これらの二次被害については、学校の立地条件、地域の特性等を考慮しながら、自校に想定される危険等についての対応を検討しておくことが重要です。また二次対応の必要があると判断し、二次避難等の行動をとる場合は、使用する避難経路についても留意する必要があります。校地内、校地外においても、避難経路に被害が生じる可能性があることから、常に複数の避難経路を検討しておくことが重要です。

2.3.2　引き渡し訓練

　保護者への子どもの引き渡しは、災害等が発生した際、またその危険がある場合に、災害の規模・被災状況等をふまえ、学校が保護者への一斉メール等により周知することになります。しかしながら、大規模な自然災害発生時には、通信が途絶える可能性も考えられることから、保護者と連絡がとれない事態も想定し、事前に引き渡しの判断・ルールなどについて保護者に周知しておくことがとても重要です。

　新入生の保護者は校内や学校周辺の状況にさほど詳しくなく、その他の学年であっても新年度には教室の変更なども生じることから、年度の比較的早い時期に実施することが望ましいと考えられます。そして、保護者からの意見を基に、学校・保護者がともに、よりよい内容を検討し改善をしていくように努めましょう。その際、毎年同じ内容の訓練にならないよう、災害想定を工夫するなどし、様々な場面を想定した引き渡し訓練を実施するようにします。また被害状況によっては、校外での引き渡しが必要になる場合も考えられます。その際の引き渡し場所についても、保護者と認識を共有しておく必要があります。

　引き渡しの場面において、確実に安全に子どもを保護者に引き渡すために

| 引き渡しカード | | | |

【1】子どもの情報

年　組　番	氏名		カナ
同校の兄弟姉妹			
近隣の幼・保・小・中に通う兄弟姉妹			
自宅住所			
自宅電話番号		通学方法	

【2】引き取り者の情報

	氏名	続柄	緊急連絡先	確認欄
①				
②				
③				
④				

【3】引き渡し時の確認

引き渡し時刻	
引き渡し後の移動先	
連絡先の変更の有無	有（⇒　　　　　　　　　　　）・無
引き取り者のサイン	

図2.5　引き渡しカード（筆者作成）

は、学校と家庭との間で、事前に**引き渡しカード**を作成しておかなければなりません（図2.5）。引き渡しカードには、子どもの情報および引き取り者について、家庭で記入をしてもらいます。引き取り者については、子どもが引き取り者のことを確認できる人が前提ですので、基本的には、保護者・家族等のなかから記入してもらうことになります。学校は、引き渡しカードの引き取り者に名前が記載されていない人が引き取りに来た場合、いかなる理由でも引き渡しをしない旨を保護者に周知しておくようにします。そして、引き渡し者に実際に引き渡す場面においては、引き渡し後に、引き渡し者と子どもが、どこに移動・避難するのか、また、連絡先の変更がないかについても、確認しておくことが重要です。

　兄弟姉妹が、近隣の幼稚園・保育所・小学校・中学校などに通っていることも考えられることから、近隣の学校と合同による地域全体での訓練の実施も検討していくべきです。合同の訓練を通して、保護者自身も子どもを引き取る順序・時間などを確認でき、近隣の道路・校内の駐車場所の混雑状況などを実際に近い形で想定することができ、より実践的な訓練に繋がります。

2.3.3　家庭・地域との協働による避難訓練・防災訓練

　大規模な災害が発生した際は、学校が避難所等になるなどして、各地域の

防災の拠点となることが考えられます。そのため、家庭・地域と連携し、学校防災の体制を整備していくことは、とても重要です。学校と家庭・地域で、校内および学校を中心とする地域の防災について協議を行う組織をつくり、学校防災マニュアルの作成・見直し・改善の取組を共同で実施するなど、平素からの協働が望まれます。この組織は、地域学校安全委員会や学校支援地域本部、学校運営協議会等、既存の組織等を活用しても構いません。また子どもや教職員も積極的に地区や地域の防災訓練等の行事に参画し、また参加を促すなどして、日常においても家庭・地域と顔の見える関係を構築していく必要があります。

避難訓練、引き渡し訓練に限らず、避難所運営訓練も、家庭・地域と合同で実施していくことが大切です（表2.3）。避難所運営訓練では、地区ごとの受付を開設・設置し、避難者名簿を作成し、地区ごとの避難スペースに移動する手順や動線等を確認します。また炊き出し訓練等を同時に実施することもあります。本部の設置や、要配慮者・地域住民以外の避難者への対応、NPO・ボランティアとの連携についても、学校が地域とともに協議し、訓練をくり返しながら、各地域の実情に応じたやり方を検討していく必要があります。

表2.3　家庭・地域と合同で実施する防災訓練の例（筆者作成）

避難所開設・運営訓練	受付、名簿記入、避難スペースへの移動の流れの確認 本部設置（情報収集・管理、指揮系統）要配慮者・地域以外の避難者への対応、NPO・ボランティアへの対応の確認
防災備品の使い方訓練	防災備品の保管場所・内容の確認、投光器・発電機・簡易トイレ・パーティションの組み立ての実践

さらに、校内の防災備品についても情報を共有し、保護者・地域住民も各備品の保管場所／使い方を把握しておくことが望ましいでしょう。投光器や発電機、簡易トイレ、パーティション等が防災倉庫等に保管してありますが、その使用方法をあらかじめ確認し、試行をしておくべきです。

実際に大規模な災害が発生し、学校に大勢が避難してきた場合、教職員が避難所の対応のみに集中してしまう事態を回避し、子どもの健康観察・安否確認等に注力できるようにするためにも、避難所の設置や運営、防災備品の保管場所／使い方について、家庭・地域とともに事前の備えをしていくことが重要です。

〔林田由那〕

■ 学習ドリル　職員会議などで、この章の内容をふまえ議論してみましょう

① 危機管理マニュアルを基に、想定される危険等に対応した避難訓練を複数回実施していますか？

② 避難訓練は、授業中のみの想定ではなく、休み時間・登下校中等、様々な場面を想定して実施していますか？

③ 子どもに対し、事前学習のみならず、避難訓練後のふり返りも丁寧に実施していますか？

④ 保護者、地域住民等の避難訓練への参加・参観を促す取組をしていますか？

⑤ 避難訓練後には、避難訓練の評価を行い、課題を明らかにし、改善に努めていますか？

> **コラム** **避難訓練における多様な工夫**
>
> 　宮城県内の一部の市町村では、教育委員会の指導主事による市内の学校／園の避難訓練への訪問指導を実施しており、各学校の創意工夫による避難訓練が数多くみられます。管理職不在の想定、安否不明の子どもが発生した状況を想定したもの、子どもや教職員に事前の告知をしない訓練等、臨機応変な対応を求められる状況が組み込まれています。それに加えて、複数の地区において、異校種の連携による避難訓練も行われています。また、管理職にすら具体的な日時の告知をせず、防災担当の教員の判断で避難訓練を実施する学校や、保護者に避難訓練の参観を呼びかけ、参観後に意見聴取を行っている学校などもあります。各学校が積極的に学び合いながら、実践的な避難訓練が展開されています。

参考文献

1) みやぎ避難訓練指導パッケージ作成委員会（2021）「みやぎ避難訓練指導パッケージ　PDCAサイクルをいかした避難訓練チェックリスト［地震・津波災害等対応］」
2) 文部科学省（2012 a）「学校防災マニュアル（地震・津波災害）作成の手引き」
3) 文部科学省（2012 b）「平成23年度東日本大震災における学校等の対応等に関する調査報告書」
4) 文部科学省（2018）「学校の危機管理マニュアル作成の手引」
5) 文部科学省（2019）「「生きる力」をはぐくむ学校での安全教育」

第3章

ハザードの種別と地形理解、災害リスク

学習のポイント

❶ 地形と災害リスクがどのように関わるかを知る。

❷ 地形をふまえてハザードマップを読む。

❸ 地形とハザードマップを基に自校の防災を考える。

3.1 総 説

　学校や学区の地形について理解を深めることは、学校防災を自校化する際の基盤となります。本章では、自然災害と地形がどのように関連しているかを、地形の成り立ちから解説します。その内容に入る前に、自然災害の原因すなわち災害発生に至る全体的な構造について確認しておきましょう。

3.1.1 自然災害の原因

　自然災害を数多く経験してきた日本では、その原因を重層的に捉えようとする災害論が、戦前から培われてきました。自然災害のきっかけとなる（異常な）自然現象を「誘因」と捉えて、それが発災前からのもともとの条件である「素因」とあいまって初めて災害が発生する、というものです。

　図3.1は、そのような日本の災害論をふまえて整理したものです。大地震や大雨といった「誘因」は災害発生の基本的な原因となって被害をもたらしますが、その間に「素因」が強力なフィルターとして機能します。例えば同じ大雨（誘因）であっても、発災前からその（被災）地域に存在する条件（素因）によって、被害が全く異なる、ということです。誘因は英語

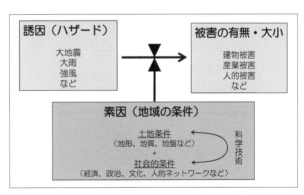

図 3.1 自然災害の原因　村山（2018）を一部改変

圏の災害研究におけるハザード（☞*1）に相当します。素因は、地域の物理的条件と社会的条件を含みますが、ここでは前者を地理学者の用語法を踏襲して土地条件と呼ぶことにします。**土地条件**には、地形、地盤、地質といったものが含まれますが、なかでも地形が自然災害に対する土地条件として指標性が高いことが知られています。一方、**社会的条件**としては、その地域の経済的豊かさ、人々のネットワークの強さ、防災への意識の高さ等が含まれます。人々は科学技術を使って、土地を利用したりこれを改変したりし

*1　ハザード（hazard）

危険または危険の要因を指す英語で、自然災害ではそのきっかけとなる現象のことを指します。ハザードがきっかけで被害が生じる現象をディザスター（disaster）として、英語圏の災害論でもこれらを使い分けています。

てきました。土地条件と社会的条件は、その地域の人々が利用可能な科学技術を介して影響し合っていると言えるでしょう。以下では、地形と自然災害との関連を、具体的に検討していくことにします。

3.1.2　地形の成り立ちと災害リスク

まず、地形のできかたを見ていくことにしましょう。地形を作る現象には、土地が隆起沈降する地震や火山噴火といった地球内部に原因があるものと、山地や丘陵地等の高い土地が削られ（**浸食**）、海等の低い土地が埋められる（**堆積**）といった地球表層に原因があるものがあります。

浸食や堆積のほとんどは水による作用です。水は必ず水面の高さより低い場所に流れようとします。雨は川に集まり海へと流れますが、川は**山地や丘陵地**を浸食した土砂を**低地**に運び堆積させる通路でもあります。川が土砂を運搬する力は水の量と傾斜によって左右され、それらは降水量等の気候の影響を受けます。

山地や丘陵地では大雨のときに谷に大量の水が集まり、川の底や縁を削ります。川によって谷が深く削られると、その縁は急な斜面になって不安定になります。雨が降って地盤が緩んだり、地震で揺らされたりすると、この不安定な斜面が崩壊し、**がけ崩れ**が起きることがあります。場所によっては融雪や雨で地下水の水位が上がったり、地震などがきっかけになったりして広い斜面がずれ動く**地すべり**が起きることもあります。川に流れ込んだ土砂がいっきに押し流される**土石流**が起き、土砂が下流に運ばれることもあります。以上のようなことが、長い時間をかけて何度もくり返されて、山地や丘陵地の斜面等が形成されました。

これに対して、**低地**（**沖積低地、沖積平野**）は川によって運ばれた土砂が堆積する場所です（図3.3）（海津、2019）。狭い谷の中を流れ下った土石流は谷から低地に出ると広がります。広がることで水深が浅くなり、土砂を運搬する力が弱くなり、礫等粗い土砂が堆積します。土砂が堆積した場所はまわりより高くなるので、次の土石流は別の低くなった場所を流れ、新たに土砂を堆積させ、その場所を高くします。次々に低い場所に堆積することをくり返して、谷の出口を扇の要とする**扇状地**ができたのです。扇状地の下流側には、川が蛇行し流路を変化させながら砂や泥を堆積させる**氾濫原**が広がります。氾濫原においては**自然堤防**や**後背湿地**という地形がみられます。**自然堤防**は、流路に沿った周囲より高い地形で、氾濫水が流路からあふれたところで流速が弱くなるために氾濫水に含まれる砂が流路に沿って堆積して作られたものです。自然堤防の背後は排水不良の**後背湿地**となり、ここまで運ばれてきた泥が堆積します。特に大規模な氾濫が起こると、流路は別の場所に移動することも

崩壊（がけ崩れ）

地すべり

土石流

図3.2　傾斜地に関連する
土砂災害の概念図
土砂災害防止広報センター

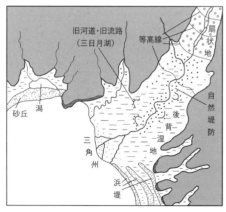

図3.3　低地（沖積低地）の概念図
吉川他（1973）をもとに作成

あります。元の川の跡（旧流路、旧河道）は、周囲より低いので**三日月湖**（蛇行した川の跡）になることもあり泥が堆積します（図3.4）。流路を固定させるため強固な人工の堤防が作られると、本来は流路を変えながら低地全体に堆積していた土砂が堤防に挟まれた流路にだけ堆積し続けることになり、周囲より川底が高い**天井川**になります。最下流まで流れてきた残りの多くの土砂（泥）は、河口付近に堆積して**三角州**を作ります。さらに海岸部には波や風で砂が打ち上げられた**浜堤**や**砂丘**という高まりができることもあります。このようにして海が埋め立てられていくと、浜堤や砂丘は新しい海岸部に次々と形成されるので、低地にはこれらが複数列あることがあります（図3.4）。このように低地という地形は、最近数千年間にわたる堆積作用によってできつつある平地です。

　一方**台地**は、低地よりずっと前にできた平地で、現在は隆起等したため低地よりも高い場所にあるので、低地のような堆積作用を受けない安全な場所です。ただし、台地の縁や台地を刻む谷の斜面ではがけ崩れが起きることがあります。

　山から運ばれた土砂が堆積してできた低地は、肥沃で農業に適した場所です。しかし、低地はまさに川の氾濫によってできつつある地形ですから、自然の状態では頻繁に氾濫します。そこで、我々の祖先は低地で暮らすにあたって、小規模な氾濫のときは浸水を免れる自然堤防や浜堤等の少し高い土地（微高地）に集落や畑をつくり、後背湿地等を水田として利用して、氾濫による被害を受けにくい減災の工夫をしてきました（図3.4）。さらに科学技術と経済の発展により、堤防（連続堤）、ダム、ポンプ場等を設置して、氾濫そのものを起きにくくしてきました。これらは低地の都市化を進めるこ

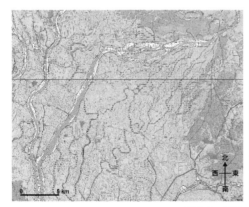
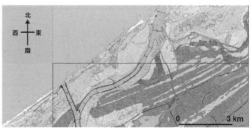

図3.4　低地（沖積低地）の例
　左：濃尾平野（岐阜市〜名古屋市周辺）：図の右上部は扇状地、それ以外は自然堤防、後背湿地、旧流路が見える
　右：新潟平野（新潟市中心部付近）：海岸部に立派な砂丘、内陸部に複数の砂丘・浜堤と後背湿地、旧流路が見える
「地理院地図」によって、「治水地形分類図」を表示したもの（口絵1参照）。

表3.1　地形によって異なる災害リスク

低地の微地形	堆積物 (表層地質)	特徴	主な伝統的土地利用	水害 (土石流)	地震 (液状化)
扇状地	礫、砂	緩く傾斜	畑(集落や水田も)	△(×)	○
自然堤防	砂	少し高い	集落、畑	○〜△	△〜×
後背湿地	泥	少し低い	水田	×	×
旧流路	泥(水)	低い	水域(三日月湖)、水田	××	××
三角州	泥、砂	低い	水田等	×	×
砂丘・浜堤	砂	少し高い	砂山、松林、畑	○〜△	○(×)
参考：台地	—	高い	畑(集落や水田も)	○　谷×	○

×：リスク大　△：リスク中　○：リスク小
(×)：扇状地は土石流、砂丘・浜堤は液状化の場合、リスク大となる。

の地質）によって、地面の揺れ方が大きく異なります。泥が堆積している後背湿地や旧流路といった軟弱な地盤は揺れやすく、反対に礫等が堆積している扇状地は頑丈なので揺れにくく、砂が堆積している自然堤防等はその中間です。このように低地では、地形（微地形）の違いがそのまま地盤の良し悪しという土地条件に反映されます。一方、山地、丘陵地、台地は、低地に比べて一般に頑丈で揺れにくい地盤です（表3.1）。→本章のコラム参照

3.2　実際の災害で得た教訓に学ぶ

ここでは、東日本大震災や西日本豪雨災害による被害について実例を挙げ、そこから得られた教訓と課題について整理します。

3.2.1　2011年東日本大震災

2011年3月11日、東北地方太平洋沖地震（Mw 9.0 ☞＊2）とこれにともなう福島第一原子力発電所事故による災害、「東日本大震災」が発生しました。広域にわたって様々な被害が発生しましたが、ここでは種類を絞ってみることにします。

まず、地震の振動についてみると、震源域に近い東北から北関東の太平洋側で最も大きな震度（☞＊2）を観測し、そこから離れるにしたがって小さくなっています。震源からの距離が大きくなると震度が小さくなるという傾向が明瞭です。ところが、ごく近い場所でも震度が違う場合もあります。例えば、同じ仙台市宮城野区内では、震度6弱（計測震度5.6）と震度6強（同6.2）が観測された地点があります（震度は以下も含めて気象庁による）。これら2地点は直線で約2.8kmしか離れていませんが、前者は台地の上で後者は低地のなかでも後背湿地です。両地点周囲の被害の様子もかなり差がありました。次に山形県内の例を挙げます。扇状地上にある山形市中心部では震度4でしたが、庄内平野では震度5弱を観測した地点が複数箇所ありました。庄内平野の方が震源からずっと遠いにもかかわらず震度は逆に大きかったのです。地形から想定できる地盤（表層地質）の違いによって、揺れ

とにもなりました。しかし氾濫を完全に食い止めることは不可能です。低地の水害リスクをあらかじめ想定しておくことが重要です。

ここからは、地震に対する災害リスクについて見ていきましょう。地震の際は、地盤（地表付近

＊2　震度とマグニチュード
震度は、地震の際のある場所での揺れの強さを表すもので、日本では「気象庁震度階」が用いられます。一方マグニチュードは、地震そのものの大きさを表すもので、マグニチュードが1大きくなると地震のエネルギーは約32倍になるという関係があります。日本では「気象庁マグニチュード」Mjが用いられますが、巨大地震の場合はより適切に表現する「モーメントマグニチュード」Mwもあわせて発表されます。

方が異なることがわかります。→本章のコラム参照

一方、東京湾岸の埋立地では、液状化によって大きな被害がありました（☞ * 3）。海だけでなく、旧河道や旧湖沼を埋め立てたところでは、液状化が数多く発生しました（青山他、2014）。強い揺れそのものによる被害ではなく、地盤の破壊により被害が生じたのです。

東日本大震災で多くの人的被害をもたらしたのは、津波です。リアス海岸で津波が高くなりやすいところでは、遡上高が約 40 m に達したところもあります（☞ * 4）。津波による被害程度は、浸水の深さと流速によって大きく異なります。浸水深と流速が大きいほど激しく被災し、逆に津波が到達しな

図 3.5 東日本大震災、千葉県浦安市の液状化の様子（長尾朋子氏撮影）

液状化によって、地下のマンホールやガソリンスタンドの地下タンクが浮上することもあります。

ければ全く被災しません。したがって、海からの距離、津波がさかのぼる川からの距離、そしてなにより海や川との標高差が、重要ということがわかります。また、東日本大震災では過去の経験から津波が到達しないと地元住民が考えていた高台や、少なくとも明治以降は浸水したことのない平野部や内陸の川沿いでも、広範囲にわたって浸水しました。2011 年の津波は、きわめて大きな被害とともに、「想定外」を考えるべきという貴重な教訓を残しました。

3.2.2　2018 年西日本豪雨災害

2018 年 6 月 28 日から 7 月 8 日にかけて梅雨前線が台風 7 号の影響で活発化して、西日本を中心に記録的な大雨となりました。特に岡山県や広島県では、それぞれ河川の氾濫と土砂災害による被害が多く発生しました。ここでは、高梁川支流の小田川とその支流の堤防が次々と決壊し、1,200 ha もの地域が最大で 5 m 以上浸水して 50 人以上の犠牲者を出した岡山県倉敷市真備地区の水害を紹介します。

真備地区は、中国山地から南流する高梁川本流に支流の小田川が西から合流し、これらの川が氾濫をくり返して形成された沖積平野上に位置します。古い航空写真を見ると旧流路跡を確認することもできます。平野南縁を流れる小田川は非常に緩やかな勾配しかないので、大雨になると高梁川の水が逆流するなどし、有史以来しばしば洪水の被害を受けてきました。先人たちは被害にあいにくい山際の台地や自然堤防といった微高地などに集落を作りました。江戸時代になると、蛇行していた小田川の流れを直線化することで水を流れやすくしたり、堤防を高くしたり、さらに集落を堤防で取り囲んだりして、被害を最小限に抑える努力をしてきました。1893（明治 26）年の水害は高梁川が決壊して過去最大の被害となりました。その後、高梁川は流路変更や大規模な堤防建設が進められました。昭和後期には、排水ポンプの整

＊ 3　液状化現象
地表付近が緩い砂地盤で地下水で飽和しているところで、地震動によって地盤全体が液体のようになってしまう現象のことです。地割れ、沈下、噴砂・噴水などが発生します。

＊ 4　津波の高さ
津波の高さの測り方は色々ありますが、遡上高とは、津波がかけあがった地点の通常の海面からの高さのことです。

図3.6　宿場を水害から守るためにあった囲い堤（お堂が立つ高まり）とその堤を超えた明治26年の水害を伝える供養塔（右）と平成30年の水害の慰霊碑（左）が並ぶ源福寺
水害を伝承する供養塔（松多信尚撮影）

後ろのお堂が立つ高まりは江戸時代から宿場町を水害から守っていた囲い堤（かぐら土手）で、1893（明治26）年の水害はその土手を超え、この堂の屋根あたりまできたといいます。このときの水位は供養塔の頂点の高さとする伝承もあり、両者の水位に違いがあります。ただし、供養塔は当初の場所から位置が数十メートル北に移動しているため、高さは正確ではありません。供養塔には「**空風火水地明治二十六年大洪水溺死者二百余霊追福之塔**」と書かれています。その左側の慰霊碑「**平成三十年七月　西日本豪雨被災物故者諸精霊位**」と記されています。

備などが進んで水害の危険性はさらに小さくなりました。そして、この地区は利便性が良いことから、氾濫原の水田は住宅や店へと変化しました。

2018年西日本豪雨は想定を超え、水害から地区を守ってきた堤防が破壊されました。本来ならば沖積平野全体に広く氾濫する水が破堤した真備地区にだけ集中したため、氾濫水の水位は台地まで浸かるほど高くなりました。また、小田川の支流は川底が周囲の家の2階より高い天井川になっていたため、破堤部から出た水は2階の高さから滝のように流れて周囲の家々を押し流しました。このように、我々を守っていた技術が破綻したとき、自然災害は以前より大きくなることがあります。

古い地図を調べたり、注意深く街を歩くと、真備地区の先人たちの苦労や過去の水害の爪痕を知ることができます。しかし、多くの人がそれを知らずに住んでいました。水害後のアンケート調査では、自分の住んでいた地域の特性を知っていた人はいち早く避難した傾向が強いこともわかりました。地形やハザードマップを理解して、身近な地域の特性を知ることまたこれを伝えていくことが、災害に強いまちづくりのために必要です。

3.3　自校園で何をすべきか考える

ここからは、これまでの解説と教訓をふまえて、実際に教職員が、勤務している学校においてどのような取組が求められるかを考えます。ここでは、自校とその周辺の地形やハザードマップを理解し、これを基に各校の防災マニュアル見直し等について考えます。

地理院地図

3.3.1　「地理院地図」を活用して自校とその周辺の地形を理解する

自校や学区の地形を捉えるために、地形図や地形分類図を読むことが必要です。それらの地図は、国土地理院のウェブサイトで公開している「**地理院地図**」というシステムで見ることができます。

まず国土地理院のウェブサイトを開いてみましょう。「地理院地図」のボタンがありますので、そこをクリックすると、地図が出てきます。左下にモノサシで示された縮尺があるので確認してください。地図の上をダブルクリックしたり、マウスをスクロールしたり、左下の「＋」または「－」をクリックしたりすると、地図を自由に拡大・縮小できます。見たいところを拡

大してみましょう。左下のモノサシが300m以下になると（縮尺を大きくすると）、高度差10m間隔の等高線が見えます。

　山地や丘陵地の地形は、**等高線**を読むことでよくわかります。等高線の間隔が小さいところは傾斜が急なところで、特に傾斜がきつい場合は等高線ではなく**がけ記号**（図3.7）で示されています。また、等高線が屈曲するところは、谷または尾根の地形を示しています。少し大きい谷には水色で示された川があるかもしれませんが、川の印がなくても谷の地形がそこにあります。読図に慣れると、谷か尾根のどちらかがわかるようになります。左上にある「地図」ボタンから「標高・土地の凹凸」を選ぶと、起伏をわかりやすく表示する色々な地図を選ぶことができます。「色別標高図」「陰影起伏図」「赤色立体地図」等を開いてみてください。わかりやすい地図を探してみましょう。これを見れば、谷の場所もわかりやすいと思います。

　低地の地形は、ほぼ平坦なので等高線では捉えることが困難です。そこで、左上の「地図」ボタンから「土地の成り立ち・土地利用」を選んでください。そのなかにある**土地条件図**や**治水地形分類図**（☞＊5）は、低地の微地形なども表示している地形分類図です（図3.4参照）。凡例（地図記号等の説明）を見て、地図の中身を読んでください。ただし、これらの地形分類図は、日本全域では作成されていません。また「地理院地図」の縮尺によっては表示されないので、縮尺を変えてみてください。

　「地理院地図」の右上にある「ツール」ボタンを押すと、距離や面積計測、断面図作成、3次元表示、2種類の地図を並べること等ができます（図3.8）。ここでは書き切れないたくさんの機能があり、さらに機能が増えています。自分の学校や学区、自宅等について、上に書いたことや「地理院地図の使い方」の説明を参考に、「地理院地図」を操作してみてください。左上の「地図」から「年代別の写真」に入ると、色々な年代の空中写真を見ることもできます（☞＊6）。

　図3.8の操作をしてみましょう。図の左下に皇居、右端に隅田川が見えます。図の右半分は下町低地、左半分は山手台地ですが、図の左上から斜め（北西〜南東）に広い谷があります。断面図は、その谷底の神保町を始点に本郷台地にかけて表示してあり、途中で神田川の凹み（台地を人工的に開削した流路、JR総武線・中央線も通る）を横断しています。

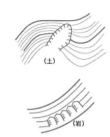

図3.7 がけ記号
国土地理院ウェブサイトより（URLは参考文献7））

＊5 「土地条件図」と「治水地形分類図」
前者は防災対策や地域開発の計画策定の基礎資料として、後者は治水対策を目的に、それぞれつくられた地形分類図です。両者とも、低地内の微地形を表示しています。

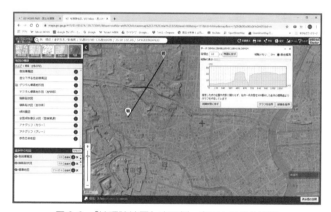

図3.8 「地理院地図」表示例　皇居とその北東側
「地図」→「標高・土地の凹凸」→「色別標高図」と「陰影起伏図」をともに透過率50％で重ねて表示。さらに、「ツール」→「断面図」を用いて、図中の（始）→（終）の断面図を表示。

＊6 地理院地図の使い方

ここには、「学校の地理・防災教育での活用」というページや、詳細な使い方を説明したページもあります（URLは参考文献8））。

3.3.2　自校とその周辺のハザードマップを読む

　様々なハザードマップがつくられ、公表されています（鈴木、2015）。たいていは、自治体のウェブサイトからアクセス可能です。それらのハザードマップを、下の読図法で読んでみましょう。

　　地形をふまえたハザードマップ3段階読図法
　　　1　ハザードマップを読み取る
　　　　・場所を確認する（自宅、学校、職場、商店等から広げて）
　　　　・凡例等を参考にして、ハザードの種類、程度等を読み取る
　　　2　ハザードマップと地形の関係を考えて読む
　　　　・崖、坂道、傾斜、起伏等の記憶と絡める
　　　　・地形分類図（地理院地図の「土地条件図」「治水地形分類図」等）と
　　　　　あわせて考える
　　　3　ハザードマップの「想定外」も考える
　　　　・ハザードマップの想定の前提（条件）を理解する
　　　　・それ以上の場合（大津波、大雨、堤防決壊等）も考える
　　　　・地形から想定外のことも考える（扇状地では土石流、後背湿地等では
　　　　　洪水氾濫、強い地震動等）

　1については問題ないでしょう。2について補足します。例えば、土砂災害ハザードマップと山地や丘陵地の地形をあわせて見ると、傾斜のきついところや崖のところに「急傾斜地の崩壊」、谷の出口に「土石流」の**土砂災害警戒区域**等が見つかるはずです。洪水ハザードマップと地形分類図（先述の土地条件図や治水地形分類図）をあわせて見ると、まず低地の部分に浸水想定区域が広がっていること、さらに、低地のなかでは自然堤防等の微高地では浸水がない、または浅く、後背湿地等では深いと想定されているでしょう。

　3についても説明します。ハザードマップには、その作成の基になった前提条件があります。これをハザードマップまたはウェブサイトから探します。例えば、200 mm／日の大雨を想定したものならばそれ以上の降雨の場合はもっと深く、広く浸水することが想像できます。また、どの川が氾濫すると想定されているかも重要です。2019年台風19号の大雨で被災した宮城県丸森町では、阿武隈川の洪水ハザードマップでは浸水が想定されていなかった地区が浸水しました。このときここでは阿武隈川は氾濫せずに済んだのですが、支流が氾濫したためにこのようなことが起こりました。治水地形分類図（口絵2）によると、ハザードマップでは浸水が想定されていなかった支流沿いを含めて、後背湿地が分布してここが広く浸水しました。また自然堤防の一部も浸水しました。本章の前半で見たとおり、地形が土地条件として重要だということを改めて強調しておきます。同様に、谷の出口や扇状地上では、土砂災害ハザードマップでは想定されていないとしても、最悪の場合は土石流の可能性があることもわかるでしょう。

3.3.3　自校の防災を見直す

　表3.2は、山形市教育委員会「学校防災マニュアル作成ハンドブック」平成27年度版の冒頭部分「学校と学区の現状」です。この記載例にならって、本章で見てきたことを基に、自校の防災マニュアルを見直しましょう。この表の作成作業とその成果は、全教職員で共有することが望まれます。定期的に確認すること、必要な見直しを継続することが重要です（第2章PDCAによる改善）。そして、この作業と成果は、避難訓練の見直しや、生活科、理科、社会科、保健体育科、技術家庭科、道徳等の授業で活用すると防災教育の向上につながるでしょう。　　　　　　　　　〔村山良之・松多信尚〕

表3.2　学校と学区の現状等

(1)	校舎	建築年：昭和□（19○）年、昭和56（1981）年建築基準前 平成□（20×）年耐震改修済み
	体育館	建築年：平成□（20△）年、昭和56（1981）年建築基準後
	武道場	建築年：平成□（20△）年、昭和56（1981）年建築基準後
		いずれも倒壊等の危険性は低い。ただし、校舎のつなぎ目、体育館の照明器具やバスケットゴール等は破損や落下の可能性あり。
(2)	校地	扇状地上にあり、地盤は堅牢。／低地上にあり、地盤は軟弱。液状化による憤砂・憤水、校舎と地面の段差の可能性あり。
(3)	学区	東西約3km、南北約2km。もっとも遠い○△地区まで、通常時に徒歩で15分ほどかかる。
(4)	地形	学校と学区の大部分は扇状地上にある。／学区のうち西半分は扇状地、東半分は低地上にある。
(5)	ハザード	山形市、山形県等のハザードマップ（地震、土砂災害、洪水、火山）、災害の歴史、近年の経験等により、想定すべきハザードは以下のとおり。
	①地震	山形盆地断層帯の地震時の震度は、震度6強を想定。
	②液状化	本校と学区の大部分は、液状化しにくいと考えられる。／低地上なので、液状化の可能性を否定できない。
	③土砂災害	△○地区に、土砂災害警戒区域（土石流・がけ崩れ・地すべり）がある。
	④洪水	山形市の洪水避難地図（ハザードマップ）では浸水域から外れているが、○○付近や××付近は強い雨でよく冠水する。
		扇状地にあるので、流速が大きいため、水深が浅くても危険である。最悪の場合は土石流がここにも達する。
	⑤火山	蔵王山噴火の場合、風向きによっては降灰の可能性がある。
	⑥その他	・○○堰があふれたという記録（言い伝え）がある。 ・昭和39（1964）年新潟地震では、学区の×△神社の鳥居が壊れた。

○○学校防災マニュアルの前提として、学校と学区の現状等を以下のとおり確認する
山形市教育委員会（2015）による

■ 学習ドリル　職員会議などで、この章の内容をふまえ議論してみましょう

①　地形やハザードマップの情報を含む「学校と学区の現状」（3.3.3参照）は、防災マニュアルに含まれていますか？

②　①の作成や更新の際に、地域住民や専門家に相談していますか？

③　避難訓練や教科教育等を含む防災教育計画は、①をふまえていますか？

④　会議や校内研修等を通じて教職員間で①について共有されていますか？

⑤　①と③について、定期的な見直しが年間計画に位置付けられていますか？

> **コラム** **地震時の地盤の動きをプリンとようかんで理解する**
>
> 　プリンとようかんを同じお盆またはお皿に載せて揺らすと、ようかんは硬いのでその上面はお盆と同じにしか揺れませんが、プリンは柔らかいので、お盆よりも大きく揺れます。同じ地震で、すぐ近くの場所でも、地盤の違いによって揺れ方が異なるのは、これと同様のメカニズムによります。
>
>
>
> **図3.9** プリンとようかん

参考文献

1) 青木（長尾）朋子（2011）「東京湾臨海部埋立地における液状化現象」，地理，**56**（6）：102-107.
2) 青山雅史・小山拓志・宇根　寛（2014）「2011年東北地方太平洋沖地震による利根川下流低地の液状化被害発生地点の地形条件と土地履歴」，地理学評論，**87**：128-142
3) 海津正倫（2019）『沖積低地―土地条件と自然災害リスク―』，古今書院
4) 鈴木康弘（2015）『防災・減災につなげるハザードマップの活かし方』，岩波書店
5) 村山良之（2018）「自然災害と地域」，佐藤廉也・宮澤仁編著『現代人文地理学』，放送大学教育振興会，144-155
6) 山形市教育委員会（2015）『学校防災マニュアル作成ハンドブック平成27年版』
7) 吉川虎雄・杉村　新・貝塚爽平・太田陽子・阪口　豊（1973）『新編 日本地形論』，東京大学出版会
8) 国土地理院，地図記号：がけ，https://www.gsi.go.jp/KIDS/map-sign-tizukigou-h13-03-01gake.htm
9) 国土地理院，地理院地図の使い方，https://maps.gsi.go.jp/help/intro/

第4章

学校防災に情報を活かす

学習のポイント

❶ 防災・減災における情報活用の有用性を考える。

❷ 情報収集・伝達のための技術／非技術的技能を高める。

❸ どのように情報リテラシーを高めればよいかを学ぶ。

4.1 総　　説

　本章では、防災に必要な情報とその活用について取り上げます。私たちは情報とともに生きています。情報は、私たちが意思決定をするのに重要な役割を果たします。また、発する情報は他者の行動を左右します。災害の予防や対応などあらゆる場面で、適切な情報の入手と発信、それに伴う意思疎通が命を守る鍵となるのです。

　災害の発生前の段階——常日頃から、想定される浸水域や避難場所の位置等がわかるハザードマップの閲覧や在住地域の地理情報を知っておくこと、また災害発生のおそれがある場合には予報や注意報・警報を理解し行動すること、そして災害発生直後は避難や被害に関する情報を正しく知ることなどが重要です。災害時は混乱により情報が錯綜したり、輻輳（ふくそう）による通信の途絶で情報から孤立してしまう可能性も想定されます。こうした状態は学校における避難や、子どもの保護者への引き渡し、その後の学校再開に関する判断に大きな影響を与えます。

　情報は、様々な媒体（メディア）を通じてもたらされます。現在は、マスメディアによる一方通行のものだけでなく、インターネットやスマートフォンの普及で、双方向の意思疎通も可能となりました。

　本章では、平時から情報の特性を知り、信頼性や有用性に関する理解を深め、災害時にそれらを有効活用し、冷静で的確な判断ができるよう、いくつかの事例とともに学校で取り組むべき内容を提示します。

4.1.1 学校における防災情報の収集と伝達

　災害が発生した、あるいはそのおそれがある状況下では、積極的に関連情報を収集する必要があります。災害の種類によって状況は異なります。例えば、大地震の際には停電が予想されるため、停電下でも外部から情報収集できる体制を確保する必要があります。

図 4.1　防災行政無線（同報系）の屋外スピーカー（宮城県南三陸町）

図 4.2 運用終了したポケットベルの周波数帯を使用した戸別受信装置（茅ヶ崎市の例）

＊1　緊急警報放送（EWS）
信号を送って、待機中のテレビやラジオの電源を自動的にオンにして行われる放送。地震など大規模災害が発生した場合や、津波警報が発表された場合などに放送される。

＊2　緊急地震速報（EEW）
地震発生後の大きな揺れが到達する数秒から数十秒前に警報を発する早期警報システム（予報・警報）。気象庁が中心となって提供。強い揺れが来る前に身を守ったり、鉄道の速度を落とすためなどに活用され、テレビ・ラジオ放送や携帯電話に瞬時に通知される。

＊3　コミュニティ放送
一市町村等の一部の区域に放送される FM 放送局であり、コミュニティ FM とも呼ばれ、全国で開局する事業者は 300 を超える。対象エリアが県域放送より狭いため、ローカル志向で災害時の有用性が高い。

＊4　臨時災害放送局
放送法に定める「暴風、豪雨、洪水、地震、大規模な火事その他による災害が発生した場合に、その被害を軽減するために役立つこと」を目的とし

次のような情報機器が役立ちます。また、近年では学校によって、次の機器が校内の放送設備と接続されている例もあります。

□バッテリーで動作する AM／FM ラジオ
□ワンセグの携帯テレビ（携帯電話回線に依存しないもの）
□防災行政無線の屋外スピーカー（付近に設置されている場合、図 4.1）
□防災行政無線の戸別受信機（図 4.2）
□**緊急警報放送**（EWS ☞＊1）や**緊急地震速報**（EEW ☞＊2）の受信装置
□**全国瞬時警報システム**（J-ALERT）の受信装置

　ただし、放送設備自体が停電で使用できなくなると、必要な情報が得られないケースもあるので注意が必要です（**第7章**）。
　大規模災害が広域で発生すると、マスメディアによる放送では、身近な地域で生じている被害や差し迫る危機についての情報が得られない可能性があります。
　実際、災害時の避難・生活情報の提供を想定して自治体と協定を締結している既設の**コミュニティ放送**（FM 局 ☞＊3）や**臨時災害 FM 放送**（☞＊4）の方が、身近な情報を得られやすかった例が多くあります。
　スマートフォンの普及により携帯電話網を使ったプッシュ通知も有用です。エリアメールを使った行政からの文字情報が避難準備等の迅速な伝達手段として活用されています。
　一方、学校から校外の関係者に対して情報を伝達・発信する体制の構築も必要です。在籍する子どもの無事を保護者に伝えたり、帰宅後の子どもの安否確認も必要になるでしょう。子どもの引き渡しに関して事前に保護者と申し合わせる過程で（**2.3.2 項**）、電話以外の代替的連絡手段や、連絡がつかない場合の措置について検討しておく必要があります。
　規模や財政力にも左右されますが、地域の人々の避難場所となることが多い学校は（**1.2.2 項**）、まずは複数の方法で非常時に活用できる電源を確保しておくことがきわめて重要です。そして、浸水危険などを考慮して発電機の設置場所を検討するとともに、学校の設置者と協議し、**災害時優先電話**（☞＊5）や、**移動系防災行政無線機**（☞＊6）、**衛星電話端末**の導入、**災害伝言ダイヤル（171）**の活用を含めた複数の連絡手段で、通信を確立できるような事前の準備が求められます。
　学校は、地域の自治会長や自主防災組織、消防・警察など、関係諸機関と連携して防災体制を構築することが求められており（学校保健安全法第 30 条）、こうした関係機関と災害発生時に円滑な意思疎通ができるよう、普段から具体的な連絡手段などについて協議しておくことも必要です。

4.1.2　メディアの特性と情報リテラシー

　教員の情報リテラシーの向上も重要です。災害時、複数の情報を入手した際、受け手が発信元のメディアの特性をふまえ、災害時、臨機応変にどの情報を信頼すればよいか判断するための力が必要です。

　インターネットの普及により、新聞、テレビ・ラジオ等のマスメディア（トラディショナルメディア）よりも、ウェブページやブログ、SNS、動画配信サービスなどのニューメディアへの依存度が高まっています。

　これらは、(1)受信者と発信者、(2)信憑性と速報性、(3)広域性と局所性という点に特徴があり、どちらにもメリット・デメリットが存在します。昨今ではニューメディアを通じて、私たちは情報を受け取るだけでなく、不特定多数の人々へ発信する主体にもなっています。

　ニューメディアは、瞬時に情報が掲載されるため速報性が高い一方で、内容の真偽が確認されていないケースも多く、信憑性を欠く場合があります。後述する流言・デマは近年、ニューメディアに端を発していることが少なくありません。誰もが発信者になれる今、自分が発する間違った情報が予期せぬ混乱をもたらすリスクがあるのです。

　他方、トラディショナルメディアは、取材で得た情報の事実関係をきちんと確認し、客観性の確保に努めるため、個人が発する情報と比べて信憑性は格段に高いはずです。誤報は会社の経営をも揺るがしかねないため、「ファクトチェック」に慎重だからです（☞＊7）。

　しかし、記者や支局の配置には限界があり、大規模な災害が発生すると、特定地域の情報を得るという観点からいえば、トラディショナルメディアには限界があります。その点、SNSや、狭域で放送するコミュニティFM（前述）などは、災害時の近隣の被害や避難、生活情報の共有に役立ちます。

4.2　実際の災害で得た教訓に学ぶ

4.2.1　情報の途絶と孤立

　東日本大震災では、基地局が損壊したり、輻輳する電話需要で交換機がパンクすることを避けて通信会社が通話規制を行ったため、携帯電話がつながらない状況が続きました。また、仙台市沿岸の旧荒浜小学校では、当時導入されたばかりの移動系防災行政無線の端末を校長が固定位置から取り外し、屋上に持って行き、外部アンテナをつなげ、バッテリーで動作させて、市の対策室と連絡・調整をしたといいます。たまたま震災の2か月ほど前に、新規で導入された無線機の使用法の説明を受けており、その存在と操作法を知っていたことが奏功しました。

　しかし、外部と通信可能な無線設備がすべての学校に配備されているわけではありません。宮城県石巻市のある小学校では、職員室にあったB4版のコピー用紙を教職員らが屋上にならべてウレタンで重しをし、「SOS」の文

＊5　災害時優先電話

災害時に一般の電話が通信規制されるのに対して、災害時優先電話は制限を受けずに発信・接続を行うことができる。電話番号は非公開で学校に設置される場合もある。

＊6　移動系防災行政無線

車載型や携帯型の移動局と市町村の庁舎等との間で通信を行う双方向の無線。一方的に放送する同報系防災行政無線（スピーカー／戸別）とは異なる系統の通信網。

図4.3　移動系防災行政無線機（写真提供：JVCケンウッド）

＊7　ファクトチェックの新たな取り組み

真偽不明の情報や誤情報が拡散するのを防ぐための仕組みを作ろうと、2017年FIJ（ファクトチェック・イニシアティブ）というNPOが設立された。新型コロナウイルス感染症を「正しく怖がる」ため、2020年、拡散される言説や噂の検証結果を特設サイトで示している。

図4.4　石巻市内の小学校屋上でコピー用紙を並べて描いた「SOS」（写真提供：河北新報社）2011年5月13日付。

字を描いて救助を要請したそうです（図4.4）。校舎内に600人もの人たちが孤立しており、3月12日の早朝、上空には爆音とともに何度もヘリコプターが飛び交っていました。通信機器の使えないなか、どうにかして助けを求める声を伝えようと、誰かがこの方法を考案して、救助が必要だと「情報伝達」することができたのです。これは、究極の災害コミュニケーションといえます。

　東日本大震災以降、通信事業者がパケット通信を中心に災害に強いインターネットや携帯電話回線網の整備に力を入れました。そのため環境は改善されつつありますが、限られた通信手段に依存せず、様々な通信手段を確保するため、過去の災害対応の事例を参考に**冗長性**を高めておくとよいでしょう。

4.2.2　情報の錯綜と混乱

*＊8　流言*とは、口コミを通して広まる根拠のない噂のこと。小さな範囲の話が連鎖的に拡散する。**デマ**とは人々を煽動するデマゴーグに由来する言葉で、誰かが意図的に広げていく嘘をさす。

　過去に起きた災禍において、インターネット上に**流言・デマ**（☞＊8）が発信・拡散され、大きな混乱が生じました。東日本大震災直後、「強盗事件が発生した」や「外国人が略奪している」、「石油タンクの爆発により、黒い雨が降ってくる」などの虚偽情報がネット上で拡散しました。熊本地震では、Twitter上の「地震のせいでうちの近くの動物園からライオンが放たれた」という「つぶやき」が発端となり、熊本市動植物園や県警に問い合わせや通報が殺到し、災害対応の著しい妨げとなりました。

　2020年には、新型コロナウイルス感染症の拡大により社会不安が広がるなか、「コロナウイルスは熱に弱く、26〜27℃のお湯を飲むと殺菌効果がある」、「○○の社員が感染したようだ」などといった様々な流言や噂が広まりました。なかには、プロバイダに対する開示請求で情報発信者が特定され、名誉毀損や偽計業務妨害容疑で立件されたケースもあります。

　人々は経験したことのない災厄に置かれると、不安に陥り、安心を得るために何らかの情報を拠り所にしたり、その不安を解消するために差別や偏見につながる言動をしてしまうことがあります。そうした人間の心の特性（**第5章**）もふまえつつ、混乱下に間違った情報に惑わされないよう、また、誤った情報の発信源や拡散の加担者にならないよう自覚を持っておきたいものです。

4.3　自校園で何をすべきか考える

　日頃から災害に備え、危急の事態で情報を活かすため、学校は何をすべきでしょうか。ここでは情報インフラの確認や操作、情報理解と信憑性の確認についてお話しします。

4.3.1　学校にある手段が何かを知り、普段使いしておく

（1）　情報機器の存在と操作

　主なものは学校の安全マニュアルに記載されているかもしれませんが、校内でいざというときに活用できる（A）情報収集と（B）情報伝達ができる機器・手段の存在を知っておきましょう。

　何より大事なのは電源の確保です。避難を促す放送設備が停電で全く使えないケースを想定すると、体育や行事で用いる電池式の拡声器（メガホン、図4.5）が、常に取り出せる場所にあり、電池が消耗していない、予備の電池がセットで置いてあるかどうかの確認も基本的なことです。

　手回しラジオなども便利な情報収集機器ですが、ときどき不具合がないか実際に電源を入れて確かめておく必要があります。また、これも基本的なことですが、前述のコミュニティFMなど身近な情報を入手できる放送局の周波数をメモしてラジオと一緒に保管しておくことも大切です。

　敷地が広い学校では、資格・免許不要の特定小電力トランシーバー（☞ ＊9、図4.6）を使って構内で訓練などに活用している例もあります。災害発生時に、教員誰もがこうした機器を迅速に活用できるよう、運動会など様々な学校行事で積極的に「普段使い」をして操作に慣れておくとよいでしょう。

　また、車のシガーソケットから電源を得ることもできるので、そのための変換ケーブルや12V／100V直流／交流インバーター（☞＊10、図4.7）などを準備しておくことも、送電が停止した場合に有益です。

　現在、多くの情報通信機器は、高度な操作スキルが不要で、誰でもすぐに使うことができます。しかし、スムーズに電源を入れ、適切にチャンネルを設定したり、相手を呼び出したりするために慣れは不可欠です。さらに、機器の操作以外のスキルも重要となります。

（2）　情報伝達の非技術的スキルを高める

　電話や無線機など、多くの情報機器は口頭（音声）で通信する場合が多いため、マイクを通じて正確かつ迅速に情報を伝える非技術的操作（ノン・テクニカル）技能を高めておくことが必要です。例えば、「かとう」と「さとう」、「しぶや」と「ひびや」など、名字や地名といった固有名詞は音声通信時に聞き違えが生じる可能性があります。そのため技術的操作に加えて、情報伝達においては、工夫や慣れが必要です。「反復」や「復唱」、文字のスペ

図4.5　拡声器

＊9　特定小電力トランシーバー

資格・免許不要の音声通信を行う近距離用の無線機。UHF帯の周波数を用い、通常、学校敷地内であれば交信が可能であり、登録不要で比較的廉価なため、導入する学校も多い。校舎上階の窓側にリピータ（中継器）を置くことでさらに飛距離を得られるため、学校周辺での活動等にも応用可能。

図4.6　特定小電力トランシーバー

＊10　インバーター

直流電力から交流電力への変換装置。市販の「カーインバーター」は、自動車のシガーライターのソケット（12V直流）に接続して、家庭用100Vの機器を使うことができるようにするもの。

図4.7　インバーター

ルアウトや例えによる補足などで正確性を高めることができます。また、不特定多数の人たちがいる場での電話連絡や、暗号が解読されやすい無線機を使う場合は、個人情報の取り扱いにも注意が必要です。

　119番をはじめ関係機関への通報を想定して、冷静さを保ちながら、プライバシーにも留意して必要な情報を正確かつ簡潔に送話できるよう、日頃の音声通話でのやり取りで訓練しておくとよいでしょう。

　避難所となっている学校では、自治会や消防団など地域の関係機関との連絡手段として無線機を配備しているところもあります。また近年、無線従事者の国家資格を持つアマチュア無線家たちが非常時の通信ボランティアとして学校と地域の合同避難訓練で、拠点間の試験交信を行っている様子も目にします。

　同僚や保護者、地域のリーダーのなかには、日頃から趣味で無線交信を楽しむ人たちがいることもあります。無線家は情報伝達の技能も修練していますので、いざというときに頼りになりますし、学校での整備のアドバイスを得てもよいでしょう。日頃からコミュニケーションを取っておくことをおすすめします。また、コンピュータや電子機器に強い教員と、災害対応を意識して、学校の情報収集・伝達体制の現状について確認してみることも有益です。

4.3.2　基本的な災害情報の意味を理解しておく

　ニュースなどでよく耳にする「火口周辺警報」、「記録的短時間大雨情報」、「高齢者等準備開始」、「特別警報」など、公的機関が発表する災害に関する情報にはある程度決まった用語があります。それぞれどの程度の危険性なのかを認識して、どのような備えをすればよいかを正確に理解することが重要です。

　発信側やメディアも、情報の意味を伝達・理解しやすいように、階級別（例えば、警戒レベルを5段階で知らせる）にしたり、「バケツをひっくり返したような雨」、「数十年に一度の災害が起きていてもおかしくない」、「観測史上初」、「これまで経験したことのない」などの形容をして、想像力と行動を喚起する努力をしています。

　受け手の私たちも、実際の災害が起きる前、すなわち平時から、情報の概念を正確に理解できるようにしておく心構えが基本です。

　例えば気象庁のホームページには、防災気象情報の基準や求められる行動などが解説されています。多様な種別の情報があるのですべてを暗記できるわけではありませんが、予想される災害の種別により何段階に区分されているかや、実際に災害が発生したときにあわせて参照するとよい情報（河川の近くならリアルタイムの水位など）は何か、また最低限どこを見ればその情報にアクセスできるのかなどを日々検討しておくとよいでしょう。

　自分とは関係のない地域で発生した災害のニュースにも耳を傾けて、災害情報の意味を理解しておくイメージトレーニングも有効です。

4.3.3　情報の信憑性を吟味する力を養う

　情報に対する一人一人の心がけが、それを活かせるか否かを左右します。目の前の情報に飛び付くのではなく、一度立ち止まり、ときには批判的にその情報と向き合うことが大切です。具体的には、次の点を念頭に置くとよいでしょう。

　　1．情報を鵜呑みにせず、不確かな情報で物事を判断しない。
　　2．情報源を確認し、いつ、誰が、どのような目的で発したか吟味する。
　　3．複数の情報源からクロスチェックする。
　　4．SNS などで得た情報は公的機関やマスメディアの情報と照合する。

　情報を正確に評価して、それをもとに災害時に正しい判断ができるよう平時から情報リテラシーを養っておくことが肝要です。

　「GIGA スクール構想」により、今後、子どもに 1 人 1 台のコンピュータ端末と、高速大容量の校内ネットワークの整備が進んでいきます。学習指導要領においても、子どもの「情報活用能力」（☞*11）育成の重要性が指摘されています。さらに、新型コロナウイルス感染症の対応で、遠隔授業など教育の ICT 活用も従来以上のスピードで進展しています。Society 5.0 の時代に入り、ドローンの活用や 5G 回線の整備が進み、これらを防災に活用するための実証実験が進んでいます。こうした日進月歩の情報技術について理解を深め、平時から情報を正しく活かす力を子どもたちに身に付けさせるためにも、まずは教員自身が情報リテラシーを高めることを意識したいものです。
　　　　　　　　　　　　　　　　　　　　　　　　　〔齋藤　玲・小田隆史〕

＊11　情報活用能力

世の中の様々な事象を情報とその結び付きとして捉え、情報及び情報技術を適切かつ効果的に活用して、問題を発見・解決したり自分の考えを形成したりしていくために必要な資質・能力。将来の予測が難しい社会において、情報を主体的に捉えながら、何が重要かを主体的に考え、見いだした情報を活用しながら他者と協働し、新たな価値の創造に挑んでいくためには、情報活用能力の育成が重要となる。（文部科学省：小学校学習指導要領（平成 29 年告示）解説「総則編」より）

█ 学習ドリル　職員会議などで、この章の内容をふまえ議論してみましょう

① 学校には災害時の情報収集、伝達のためのどのようなツールがありますか？

② 情報機器の操作方法はわかりますか？（説明書などは備え付けられていますか？）

③ 災害時に流言・デマに惑わされないための心構えを書き出してみましょう。

④ 学校防災に役立つウェブサイトのリンク集を作り、閲覧してみましょう。

コラム　平時にネット上の防災情報を有効活用する

　インターネット上には、身近な地域の自然環境の特徴や災害の危険性を知るための有益な情報が掲載されています。国土交通省の「ハザードマップポータルサイト」もその1つで、「わがまちハザードマップ」というページでは任意の自治体が独自に発信するハザードマップの情報を容易に取り出すことができる他、「重ねるハザードマップ」という機能を使うと、自然災害に関する情報と、道路防災情報、土地の特徴や成り立ちなどを地図や写真にレイヤーとして表示できます。防災科学技術研究所が提供する「地域防災Web」では、様々な公的機関による統計情報や災害履歴などを地図とともに表示することができ、地域や学校防災での活用実績も増えています。こうしたリソースを平時から閲覧して、防災管理や防災教育に有効活用したいものです。情報活用を視野に入れた授業づくりの指導案や素材集を掲載した宮城教育大学の「いのちを守る —— 教員のための防災教育ポータル」も参考にしてください。

ハザードマップポータルサイト
https://disaportal.gsi.go.jp/

地域防災 Web
https://chiiki-bosai.jp/

いのちを守る―教員のための防災教育ポータル
http://drr.miyakyo-u.ac.jp/eduport/

参考文献

1)　太田敏一・松野　泉著（2016）『防災リテラシー』，森北出版
2)　河北新報社（2011）2011年5月31日、面名 S 106 X 0
3)　日本災害情報学会編（2016）『災害情報学事典』，朝倉書店

第 5 章

災害と人間のこころ

学習のポイント

❶ 災害時の人間のこころの特性を知る。
❷ 人間のこころの特性がどのように防災に活かせるかを考える。
❸ こころの特性をふまえた防災教育を考える。

5.1　総　　説

この節では、災害発生時から被災後までの、人間のこころの特性について解説します。

5.1.1　パニック神話

「大災害が発生したら人々はパニックになる」。そのような典型的なイメージを抱く人も少なくないことでしょう。では、災害時に人々は本当にパニックになるのでしょうか。

まずパニックという言葉の意味に注意する必要があります。パニックという言葉は、群集レベルの大混乱という意味で使われることもあれば、個人レベルの一時的・心理的な動揺という意味でも使われることもあります。そして、前者の使われ方に対しては、これまでの研究では、災害時に群集レベルの大混乱はめったに生じないことがわかっています。つまり、災害時に、人々が理性を失って反社会的な行動をすることはほとんどないのです。避難行動は、人間関係や他者から期待された社会的役割に基づいて行われます。例えば、そばに家族や友人がいたならば、彼らを置き去りにはしません。むしろ助け合って行動するのです。そして、たとえ集団レベルのパニック行動が発生しても、それは局所的な出来事にとどまり、大規模パニックに発展することはめったにありません。災害時には人間がパニックになるのだという考え方は神話にすぎず、これは**パニック神話**と呼ばれています。

5.1.2　災害時の認知バイアス

では、災害に直面したときに人間はどんな心理状態になるのでしょうか。一般に、災害が起きそうな状況であっても、私たちはそれを異常事態だと思わず、正常の範囲内だと思いたい気持ちが働きます。これは**正常性バイアス**（または**正常化の偏見**）と呼ばれています。また、たとえ他者が被災したとしても、自分は被災しないと思ってしまいます。これは**楽観主義バイアス**と

呼ばれています。さらに、大丈夫だという気持ちを確証してくれる情報ばかり集める傾向があります。これは**確証バイアス**と呼ばれています。

　そして、避難すべきかどうか、自分だけではわからないこともあるでしょう。そんなとき、私たちはしばしば周囲にいる他者に合わせようとする傾向があります。自分自身で判断できないために、他者の様子を見て、それを自分の判断基準として採用し、結果として他者に同調するわけです。周囲の人の数が多いときその傾向は強まります。こうした現象は**集団同調性バイアス**（または多数派同調バイアス）と呼ばれています。「近所の人が避難しないから自分も避難しない」とか、避難所へ避難した後で「他の人が家に戻るなら自分も戻る」とか、人間は他者に合わせて行動したがります。しかし、その判断や行動が悲劇を生むこともあるわけです。

　以上のような人間特有の**認知バイアス**は、実は、普段の生活の中では私たちに心理的な安定をもたらしてくれることが多いのです。例えば、正常性バイアスがなければ、私たちは日常のわずかな異変をいちいち気にかけて、おびえていなければなりません。また、楽観主義バイアスがなければ「自分はきっとひどい目に合う」と暗い気持ちで生活をし続けなければなりません。ですから、普段の生活において認知バイアスは決して悪者ではないのです。ところが、災害時にはそれがかえってあだとなり、避難の遅れにつながってしまうのです。

図 5.1　災害時の認知バイアス
災害時には、こころの中でさまざまな認知バイアスが働き、被災リスクを過小評価してしまう。その結果、迅速な避難行動が生じにくい。

5.1.3　危険スイッチが入るとき

　認知バイアスによって自分が被災する可能性を過小評価していた人であっても、本当に危険が目の前に迫ってきたときには、頭の中の危険スイッチが入ります。では、何がスイッチを押してくれるのでしょうか。

　第1は、環境における明らかな異変です。実際に津波が見えたり、玄関のドアを開けたら水が入ってきたり、異変を目の当たりにすると危険だと判断せざるをえなくなります。しかしながら、そうなったときには手遅れになっている場合も少なくありません。

　第2は、他の人からの声がけです。強い口調で「逃げろ」と叫んでいるのを聞くと、身の危険を感じて避難の行動が起きやすいです。いざというときに、どんな人が声をかけてくれるかがカギになるということです。やはり、家族、隣近所、町内会など、日ごろからの人間同士の絆は大切です。

5.1.4　緊急時のこころと行動

　危険を感じたとき、私たちは恐怖を感じます。また、命の危険が迫っているような状況では、タイムプレッシャーによって焦りを感じます。認知面の特徴としては、覚醒水準の上昇によって注意の向く範囲が小さくなり、情報を処理できる範囲が狭くなります。このような状態ですから、注意が向いている範囲はよいのですが、それ以外の範囲において見落としが起きる危険性があります。

　また、焦りやタイムプレッシャーによってじっくり考えることができなくなります。そのような場合、私たちは往々にして、直感的に考えて適切でない判断をしてしまう可能性があります。つまり、タイムプレッシャーがあると、ふだんの冷静なときとは異なった判断や行動につながりやすいのです。

　さらに、災害時の人間心理の大きな特徴は、家族のことが気になることです。そして、家族と連絡をとろうとしたり、家族を迎えに行ったりします。しかし、それによって避難が遅れたり、命を落としてしまったりすることがあるのです。

　このことに関連して**津波てんでんこ**という言葉があります。「津波てんでんこ」とは、津波が来そうなときには、家族のことは気にせずに、てんでばらばらに高台に逃げなさいという教えです（**8.1.1 項**、p. 68 参照）。これは、家族を見捨てて逃げよという意味ではありません。家族を案じて逃げ遅れたり家族のための行動をとったりせず、それぞれが個別に迅速に避難しなさいという意味です。しかし、それが成り立つためには事前に家族で話し合いをしておくことが必要ですね。「家族はみんな津波てんでんこで避難するはずだから、自分もすぐに避難する」。津波てんでんこは、家族内の強い信頼関係のもとに成り立つ教えなのです。

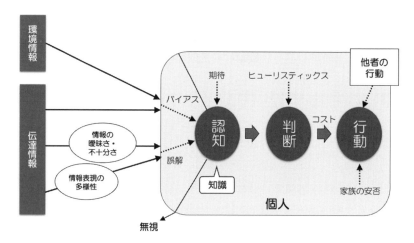

図 5.2　災害時の情報処理過程のモデル（邑本、2012）
災害時に、情報がどのように認知され、判断され、行動が
生じるかを示した概念図である。認知バイアスがかかった
り、情報の特性が誤解を引き起こしたり、自分に都合の悪
い情報を無視したりして、正しい認知や判断が生じない可
能性がある。また、心理的なコストで行動が生じにくく、
他者の行動の影響を受けたり、家族の安否が気になったり
して適切な行動につながりにくい。

5.1.5　被災者のこころ

　不幸にして被災してしまった後、私たちはどのような心理状態に陥るので
しょうか。そしてそれは、時間経過とともにどのように変化するのでしょう
か。図 5.3 は、被災者の心理状態の遷移を示したものです。被災した直後に
はショックで茫然自失となる時期がありますが、その後、「ハネムーン期」
と呼ばれる、同じ遭遇の他者と気持ちを合わせて精力的に活動する時期が訪
れることが知られています。しかし、そのうちに被災した疲れがピークを迎
え、自分を冷静に捉えて幻滅し、苛立ちや無力感や悲しみを経験する時期と
なります。それが徐々に回復へと向かい、災害前と同じような状態に戻ると
考えられています。

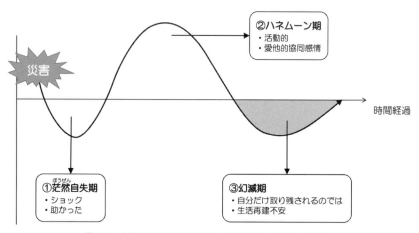

図 5.3　被災者に起きる反応の時間経過（前田、2007）

　しかしながら、なかには必ずしもこのように回復の道をたどらず、心理的な後遺症が残る場合も存在します。**心的外傷後ストレス障害**、いわゆる**PTSD**（Post Traumatic Stress Disorder）と呼ばれる症状が表れる人もいます。PTSDの人は、強烈な恐怖体験の記憶が意に反してくり返し想起されて、それに悩まされ日常生活がままならない状態が1か月以上続きます。PTSDの症状は大別すると3種類に分けられます。**侵入、麻痺**、そして**過覚醒**です。侵入とは、トラウマ体験が本人の意志とは関係なくその個人の心に侵入し、トラウマ体験を受けたときと同じ心身の状態がよみがえるもので、**フラッシュバックや外傷性悪夢**などが生じます。麻痺とは、あたかもトラウマ体験が意識から切り離されたようにその体験の記憶や実感が乏しくなり、その結果、周囲の人々や自分の未来からも自分が切り離されたように感じ、他者との自然な交流や将来の計画などができなくなる状態です。過覚醒とは、あらゆる物音や刺激に対して気持ちが張り詰めてしまうような状態で、不安で落ち着かない、ささいなことで驚愕する、イライラして眠れないといった症状が表れます。

　被災者は、程度の差こそあれ、心理的な後遺症を抱えている可能性があります。ここからは、被災者とのコミュニケーションで気を付けておきたいことを考えてみましょう。表5.1に示したのは、清水（2006）が挙げた被災者を傷つける言葉の例です。いずれも、何気なく口に出してしまいそうな言葉です。しかし、被災者の立場に立てば、それらが場合によってはつらい気持ちを引き起こす可能性があることも納得がいくでしょう。

表5.1　被災者を傷つける言葉（清水、2006）

・がんばって。
・前向きに考えましょう。
・こんな災厄は早く忘れて、またやり直しましょう。
・想像していたよりも元気ですね。
・こんなひどいことがあったのだから、これからはきっといいことがありますよ。
・私なら、こんなことに耐えられないでしょう。
・泣いてばかりいては、亡くなった娘さんが浮かばれませんよ。
・命があったのだから、まだよかったじゃないの。

　コミュニケーションで常に注意しておかなければならないのは、「受け手はその人の心で言葉を受け止めている」ということです。受け手がどのように受け止めるかによって、送り手が発した言葉の意味や価値は異なってきます。言った側は良かれと思って言ったとしても、受け手がその言葉で傷付くこともあります。したがって、被災者とのコミュニケーションにおいては、被災者の心や気持ちに寄り添うことが大切です。そのためには、被災地のことや被災者の置かれた状態をよく理解しておくことが必要になります。

5.2　実際の災害で得た教訓に学ぶ

　ここでは、東日本大震災の3つの地域（閖上、釜石、大洗）での出来事を
ふり返り、そこから得られる教訓を考えてみたいと思います。

5.2.1　閖上の悲劇（宮城県名取市）

　宮城県名取市閖上地区は東日本大震災で753人もの死者が出たところで
す。そして、そのほとんどが津波による被害です。地震発生から閖上に津波
が襲来するまで約1時間の時間がありましたが、地震後すぐに避難した人は
多くはありませんでした。正常性バイアスをはじめとする認知バイアスが、
迅速な避難を妨げたのです。地震の衝撃で地区の防災無線が故障し、放送が
できない状態だったことも、バイアスを後押ししたかもしれません。

　また閖上は、明治と昭和の2度の三陸津波であまり被害を受けていません
でした。1960年のチリ地震による津波の際には津波が岸壁を超えて町が水
浸しにはなったものの、震災前年（2010年）のチリ地震による津波では潮
位が50 cm程度上昇しただけで、海水が岸壁を超えることはなく、閖上の
町はほとんど被害を受けませんでした。閖上の町には貞山堀と呼ばれる運河
が南北に流れていて、1960年の津波の際には貞山堀の水が一気に引いたと
伝えられています。そのため、貞山堀の近くの住民は津波襲来の可能性や津
波の大きさを貞山堀の水位の変化を観察して判断していたようです。実際、
東日本大震災当日も、避難することなく貞山堀の様子を眺めていた住民の姿
が確認されています。そして、こうした歴史的な経緯から、地区住民の間に
は「閖上には大きな津波が来ない」とか「津波は貞山堀を超えて来ることは
ない」という言い伝えが生まれていたようです。その結果、東日本大震災で
は貞山堀の海側の閖上3丁目や4丁目よりも内陸側にある閖上2丁目のほう
が死亡者数が多く、住民の約4人に1人の命が犠牲になったことがわかって
います。

　さらに閖上の悲劇は、津波襲来直前の出来事で拡大します。車で避難する
人が内陸部へ通じる道路に集中し、渋滞が発生したのです。こ
こに、閖上公民館に避難した人々がその道路沿いの閖上中学校
へと二次避難を始めたことも渋滞に拍車をかけ、多くの犠牲を
生むこととなりました。

　閖上には、1933年の「昭和三陸地震津波」の後、「地震が
あったら津浪の用心」と記載された石碑が建てられていまし
た。しかしながら、その警告と教訓を伝える石碑の存在は、住
民たちの間で必ずしも共有されていませんでした。災害の教訓
を後世にどのような形で正しく伝えていくべきなのか、今後も
検討を重ねていくことが望まれます。

図5.4　教訓を伝える石碑（閖上地区日和山）
（邑本俊亮撮影、2018年5月12日）

5.2.2　釜石の奇跡（岩手県釜石市）

　「釜石の奇跡」と呼ばれているエピソードをご存知でしょうか。岩手県釜石市で、当時、群馬大学の片田敏孝教授の指導による防災教育を受けてきた小・中学生のほぼ全員が、東日本大震災の際に津波の難を逃れたという事実のことです（**8.1 節**）。鵜住居地区にある釜石東中学校の生徒たちは、地震後、「津波が来るぞ」と叫びながら指定されていた避難所へ、さらにその先の高台へと走ったそうです。いつも一緒に避難訓練を重ねていた鵜住居小学校の児童たちも中学生の後に続いたそうです。そして、子どもたちが避難する様子を見て地域の住民までも避難行動をとったのだということです。中学生たちの率先した行動を見て、小学生も地域の大人も同調して同じ行動をとり、多くの命が救われたわけです。前の節で解説した集団同調性バイアスが、避難を促進する方向に働いた事例と言えるでしょう。

　片田教授の防災教育における「避難の三原則」は、①想定にとらわれるな、②最善を尽くせ、③率先避難者たれ、でした。東日本大震災の際には「想定外」という言葉をよく耳にしましたが、想定にとらわれてしまうと想定外の災害には対処できません。また、自分の命を守らなければならないときに、最善を尽くさずにあきらめてしまうことなど選択できるでしょうか。最初の2つの原則は、どんな災害が起きるかわからない、どの程度自分の命が危険にさらされるかわからない場合に備えるために、まさに的を射ていると言えます。そして、率先避難者になることこそ、認知バイアスを振り払って行動を起こすという、人間のこころの特性をふまえた上での避難のポイントになっています。さらにその行動は、周囲の人々の集団同調性バイアスを逆手にとって、地区全体での避難行動へと発展させる力をもっていたわけです。

　以上のように釜石では、的確で周到な防災教育のおかげで多くの命が救われたのです。これは決して「奇跡」ではなく、むしろ「必然」といえるでしょう。

5.2.3　大洗の緊急の呼びかけ（茨城県東茨城郡）

　東日本大震災の際に、茨城県大洗町では、防災行政無線の放送で「緊急避難命令、緊急避難命令」「大至急、高台に避難せよ」といった**命令調**の呼びかけが用いられました。緊迫感のある放送をするためにはそのような言い方が効果的と考えた町長の判断だったそうです。それによって住民たちは「初めて聞く放送だ。ただ事ではない」「きわどい放送だ。普通ではない」と感じて、高台に避難したとのことです。

　緊急時には、危険を感じていない人に対して、現在の状況が平常とは異なる緊急事態であることが伝わるように、表現や口調などを工夫しなければなりません。ふだんとは異なる切迫感を示すとともに、強いリーダーシップを感じさせるような命令口調で指示を出すことが有効でしょう。

5.3　自校園で何をすべきか考える

　ここからは、これまでの解説と教訓をふまえて、教職員が何をなすべきなのか、学校内でどのような取組が求められるかを考えます。

5.3.1　災害時の人間のこころを知る

　日本では災害が頻繁に起こっているにもかかわらず、私たちは災害に関する知識が必ずしも十分とは言えません。私たちはもっと災害に関する知識を身に付けておくべきです。災害の種類、発生メカニズム、過去の被害例はもちろんのこと、災害情報のことや、被災後の社会経済状況、被災者に対する医療、被災者支援のあり方、復旧・復興のあり方等、災害に関連する知識は限りなく幅広く存在します。

　そうした災害に関する知識の1つとして、先に述べたような災害に対する人間のこころの特性を、教職員や子どもに知っておいてほしいと思います。認知バイアスがあることを知っていれば、災害の際に陥りがちな楽観的な気持ちを振り払って、適切な判断、迅速な行動を行うことができるでしょう。

　また、災害時に家族が気になってしまうことや家族のための行動が生じやすいことを心に留めておいてほしいです。そして、危険を冒してまでそのような行動を起こさないように、事前に家族内で話し合いをしてほしいのです。災害が起きたらそれぞれがどう動くか、どこにいてどんな災害だったらどうするか、家族会議をしておきましょう。そのために学校は、おたよりを通じて各家庭に家族会議の必要性やその理由を知らせたり、家族で話し合った内容を子どもたちに発表させる機会を設けたりしてください。そのような取り組みによって、家族全員がいざというときに自分で自分の命を守る心構えを持てるようになるはずです。

5.3.2　防災訓練

　防災訓練を継続的に実施することは重要です。防災訓練の効果について、ここでは3つの点を指摘しておきましょう。第1に、訓練に参加することで、参加者の防災に対する意識が向上します。防災意識が向上すれば、防災に関する情報に注意が向いたり、次回の防災訓練に参加する確率が上がったりします。第2に、現場の訓練で身に付けた知識は、将来その場で思い出しやすいです。場所が思い出すための手がかりになるからです。これは**文脈依存記憶**と呼ばれています。第3に、体を動かすことで体が覚えている知識となります。心理学では人間の知識を**宣言的知識**と**手続き的知識**に分けて考えることが一般的です。前者は言葉で言える知識であり、後者は体が覚えている知識です。いくら避難の仕方を言葉で言えても、体がスムーズに動かなければ意味がありません。体が覚えている知識にするためには、体を動かして何度も訓練しておくことが必要なのです。

5.3.3 災害を生き抜くための力を育む

　災害を生き抜くにはどのような力が必要になるでしょうか。Sugiura らの研究チームは、東日本大震災の被災者 78 人から災害を生き抜いた体験談を収集し、そこから質問紙調査票を作成しました。そして宮城県内の被災者に大規模な調査を行い、得られた 1,412 人分の回答を統計的に分析することで、表 5.2 に示すような 8 つの生きる力が存在することを明らかにしました。

　「人をまとめる力」「問題に対応する力」「人を思いやる力」は、かなり一般的で汎用性の高い力と言えるでしょう。教育の現場でも、それらの重要性が認識され、教育目標にも掲げられやすいものだと思います。「気持ちを整える力」と「信念を貫く力」は感情系の力と位置付けることができるでしょう。災害を生き抜くためには、信念を貫くとともに、自分の感情をコントロールする力が必要だということですね。「きちんと生活する力」と「生活を充実させる力」は生活系の力です。普段の生活の仕方が、実は災害場面でも活きてくるということです。そして「人生を意味づける力」は、まさに損得を超えて自分の人生の意味を自覚するという、自身の生き方に関わる力です。

表 5.2　災害時の 8 つの生きる力（Sugiura et al., 2015）

	名　称	説　明
1	人をまとめる力（リーダーシップ）	人を集めてまとめる態度や習慣
2	問題に対応する力（問題解決）	問題に方略的に取り組む態度や習慣
3	人を思いやる力（愛他性）	他者を気にかけたり助けたりする性格特性
4	信念を貫く力（頑固さ）	自分自身の願望や信念を貫く性格特性や態度や習慣
5	きちんと生活する力（エチケット）	日常行動において社会規範に従う態度や習慣
6	気持ちを整える力（感情制御）	困難な状況や緊迫した場面で気持ちを整えるための努力をする態度や習慣
7	人生を意味づける力（自己超越）	精神的な視点からの自分の人生の意味の自覚
8	生活を充実させる力（能動的健康）	自分自身の身体的、精神的、知的状態を維持・向上させようとする日常的習慣

　将来の災害に備えて、以上のような生きる力の一つ一つを意識し、子どもの生きる力を育むための取組を考え、実行することが求められます。

〔邑本俊亮・齋藤　玲〕

▌学習ドリル　職員会議などで、この章の内容をふまえ議論してみましょう

① 災害発生時に人間はどのような心理状態になりますか？

② 被災後に人間はどんな心理状態になりますか？

③ 被災者と接するとき、どんなことに気を付けたらよいですか？

④ 災害発生時には、教員として子どもたちにどのように働きかける必要がありますか？

⑤ 人間のこころの特性をふまえて、どのような防災教育や防災訓練の取組が必要だと思いますか？

> **コラム** 災害の語り部による記憶の伝承
>
> 　全国の被災地には、災害の記憶を語り継ぐ活動をしている多数の語り部が存在しています。語り部の話を聞いた人は、そのストーリーに自身を移入させ、あるいは語り部に共感して、涙を流す人も少なくありません。その様子からは、災害の記憶が受け継がれているように見えます。語り部による「語り」はどれだけ伝承の力をもっているのでしょうか。佐藤他（2019）は、東日本大震災の語り部の話を様々な方法（語り部本人の生語り、語り部の弟子による語り、語り部の語りを撮影した動画視聴、語り部の語りの音声のみの聴取、語りを文字起こししたテキストの読解）で被験者に伝える心理実験を行いました。話の内容をどの程度覚えているかを調べたところ、聞いた（読んだ）直後にはどの方法でも記憶量に差は認められませんでしたが、8 か月経過した時点では語り部の話を直接聞いたグループだけが記憶が持続していることが明らかとなりました。震災を体験した「本人」と直接対面することで得られる場の雰囲気や臨場感が、災害の記憶の風化を抑える可能性を秘めているのかもしれません。

参考文献

1) NHK スペシャル取材班（2013）『巨大津波―その時ひとはどう動いたか―』，岩波書店
2) 海保博之・楠見　孝（監修），佐藤達哉・岡市廣成・遠藤利彦・大渕憲一・小川俊樹編（初版 2006，新装版 2014）『心理学総合事典』，朝倉書店
3) 片田敏孝（2012）『人が死なない防災』，集英社
4) 釘原直樹（2011）『グループダイナミックス―集団と群集の心理学―』，有斐閣
5) 佐藤翔輔・邑本俊亮・新国佳祐・今村文彦（2019）『震災体験の「語り」が生理・心理・記憶に及ぼす影響：語り部本人・弟子・映像・音声・テキストの違いに着目した実験的研究』，地域安全学会論文集，**35**，115-124
6) 清水將之（2006）『災害の心理―隣に待ち構えている災害とあなたはどう付き合うか―』，創元社
7) Sugiura M, Sato S, Nouchi R, Honda A, Abe T, Muramoto T, & Imamura, F.（2015）「Eight personal characteristics associated with the power to live with disasters as indicated by survivors of the 2011 Great East Japan Earthquake disaster」，*PLOS ONE* **10**(7)：e 0130349. doi: 10.1371/journal.pone.0130349
8) 前田　潤（2007）「被災者の心理過程とケアの継続性」，小原真理子・酒井明子監修『災害看護―心得ておきたい基本的な知識―』，南山堂
9) 邑本俊亮（2012）「避難と情報」電子情報通信学会誌，**95**，894-898.
10) 邑本俊亮（2017）「災害時，人は何を思い，どう行動するのか―パニック神話を検証する―」，邑本俊亮・池田まさみ編『心理学の神話をめぐって―信じる心と見抜く心―』，誠信書房

第 6 章

地球規模課題としての災害と国際的戦略に学ぶ
―学校の被害軽減と早期再開を目指して―

学習のポイント

❶ 多発する自然災害への対策が、持続可能な開発目標にも位置付けられる国際的な課題であることを知る。

❷ 学校防災が国際的にどのように位置付けられているか理解する。

❸ 災害発生後の学校早期再開に向けてどのような事前の準備が必要か考える。

6.1　総　　説

　この節では、世界的な自然災害発生の動向を把握した上で、防災をめぐる国際戦略枠組について理解を深めていきます。特に、学校防災の観点から、国際的にどのような課題があるのか、重点的にどのような取組がなされているか解説していきます。

6.1.1　世界的な自然災害の動向

　自然災害は、日本だけでなく世界各地で多発し、大きな被害を引き起こしています。1996～2015 年までの間に、世界では自然災害により約 135 万の人命が失われました。犠牲者の 90％が中・低所得国に暮らす人々であることが報告され、貧しい国でより多くの人命が失われていることが確認されています。表 6.1 は、1996～2015 年までの 20 年間で、多くの犠牲者を出した 5 か国を国別、災害別に示しています。5 事例中 4 例が地震または地震による津波被害での犠牲です。最大の犠牲を出したハイチ地震はマグニチュード（Mw ☞＊1）7.0 規模の地震でしたが、四川大地震（Mw 7.9）、パキスタン北部地震（Mw 7.6）よりも多くの犠牲者を出しています。ハイチは中米に位置する世界の最貧国の 1 つで、災害時に支援にまわるべき大統領府や国会、国連機関が入居した建物が地震によって倒壊しました。また、地盤の悪い斜面に形成されたスラム街で多くの犠牲が見られました。さらに、その後のコレラの流行やハリケーンの襲来によって、ハイチの地震からの復興には多くの困難が立ちはだかりました。

　地震以外にも洪水、嵐、

＊1　第 3 章、p. 22 の Mw 用語解説参照

表 6.1　自然災害別・国別死者数上位 5 か国（1996～2015 年）

国　名	発災年月	名　称	犠牲者数
ハイチ	2010 年 1 月	ハイチ地震	222,570 人
インドネシア	2004 年 12 月	インド洋大津波	165,708 人
ミャンマー	2008 年 5 月	サイクロン・ナルギス	138,366 人
中華人民共和国	2008 年 5 月	四川大地震	87,476 人
パキスタン	2005 年 10 月	パキスタン北部地震	73,338 人

Centre for Research on the Epidemiology of Disasters – CRED（2016）

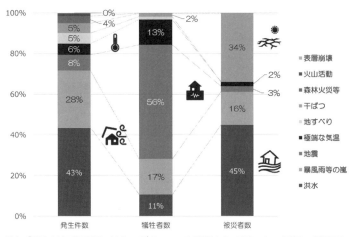

注）「嵐」は気象用語ではないが Storm の和訳として用いた。暴風、暴風雨、
　　暴風雪、竜巻、雷、雹、高潮等を含む
図 6.1　自然災害種別、発生件数、被災者数、犠牲者数（1998〜2017 年）
Centre for Research on the Epidemiology of Disasters – CRED（2018）

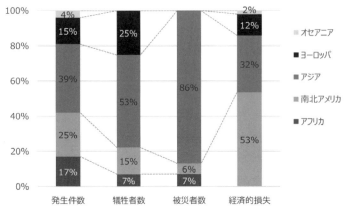

図 6.2　自然災害発生件数、犠牲者数、被災者数ならびに経済的損失の地域
　　別割合（1998〜2017 年）
Centre for Research on the Epidemiology of Disasters – CRED（2018）

極端な気温（熱波・寒波）、地すべり、干ばつ、森林火災等、火山活動、表層崩壊等で多くの人命が失われています。図 6.1 では、1998〜2017 年の 20 年間に発生した災害種別の自然災害を発生件数、犠牲者数、被災者数で示しています。先述の地震は、件数では全体の 8% 以下であるにもかかわらず、犠牲者数の 56% を占めており、一度地震が発生すると多くの人々が命を落としていることがわかります。

　自然災害のうち洪水が発生件数の 43%、犠牲者数の 11%、被災者数の 45% を占める高頻度災害で、主としてアジア地域で被災が多くみられます。台風等の暴風雨や竜巻、雹、暴風雪等を含む嵐は件数では全体の 28% になりますが、全世界で発生し、地震に次いで犠牲者が多い災害です。気候変動の影響により、洪水や嵐といった気象災害は今後ますます規模が大きく、頻度が高くなる傾向にあると言われています。

　地域別には、自然災害はアジアで最も多く発生し、犠牲者、被災者数もアジアに集中しています。日本を含むアジア地域が自然災害による人的被害を最も多く受けています。その一方、経済的損失は、南北アメリカが半数以上を占めています。世界最大の経済大国であるアメリカ合衆国が、過去 20 年間に度重なるハリケーン被害を受け、巨額の経済的損失を被っていることなどがその理由として考えられています（図 6.2）。

6.1.2　防災に関する国際的な枠組―仙台防災枠組 2015-2030

　こうした多発する自然災害に対して、国際社会は 1990 年代を「国連防災の 10 年」と定め、以降、国連防災機関（UNDRR）が中心となって、自然災害による被害軽減に向け国際協力を牽引しています。その基本的考え方は、災害が発生してから対応にあたるだけではなく、災害が起きる前に災害リスクを減らすための努力を通じて自然災害に備え、自然災害によって生じる被

害を軽減しようというものです。

　2015年3月には、第3回国連防災世界会議が仙台市で開催され、2015年から2030年の間の国際的な防災戦略である「仙台防災枠組（2015-2030）」（Sendai Framework for Disaster Risk Reduction 2015-2030、以下、仙台防災枠組）が採択されました。

　仙台防災枠組では、第1に災害時に人々の命、暮らし、健康ができるかぎり失われないようにすること、第2に人や企業・コミュニティや国が持つ（経済的、物理的、社会的、文化的、環境的な）資産に対する災害リスクや損失を大幅に減らすことをその成果として掲げています。

　そのためには、各国が災害リスクへの対応能力を上げること、（経済・構造・法律・社会・健康・文化・教育・環境・技術・政治・制度面からの）多角的な施策を総合的に進め、まずは事前の対策として災害の要因を減らし、災害が発生した場合には**より良い復興**（☞*1）のための準備を整え、社会の**レジリエンス**（☞*2）を高めていく必要があることが示されています。

　仙台防災枠組の下では、先に述べた成果を達成するための7つの具体的な目標を定め、私たちが取り組むべき4つの具体的行動を示しています（表6.2、図6.3）。

　仙台防災枠組が採択された2015年は、9月の国連総会にて「我々の世界を変革する：持続可能な開発のための2030アジェンダ」いわゆる**SDGs**（持続可能な開発目標、Sustainable Development Goals ☞*3）が採択され、同年12月には第21回気候変動枠組条約締約国会議（COP 21）で気候変動抑制に関する多国間の国際的な協定であるパリ協定が締結された年に当たります。

＊1　より良い復興 (Build Back Better) とは、単に災害前の状態に戻すだけでなく、環境への配慮や次の災害被害を軽減する対策を盛り込んだ持続発展可能なコミュニティづくりを進めていこうとする災害からの復興の考え方を意味します。

＊2　レジリエンス (resilience) とは、「困難な状況下でも、基本的な機能などを保ち、災害からの悪影響に対し抵抗できる強い芯を持ち、しなやかに回復できるシステム、コミュニティ、個人および社会の力」を意味します。

＊3　持続可能な開発目標 (SDGs) とは、地球環境が適切に保全され、将来世代が必要とするニーズを損なうことなく、現代の世代の欲求を満たすことができる「持続可能な社会」の実現を目指した17の目標。誰一人取り残さず、格差を是正しながら、国、地域、市民社会、企業、消費者などあらゆるレベルでパートナーシップを通じて2030年に向けて推進されています。

表6.2　仙台防災枠組における7つの具体的目標

	仙台防災枠組7つの具体的目標
1	2030年までの自然災害による世界の死亡者数を大幅に減らし、「2020-2030年」の間の10万人あたり死亡率を「2005-2015年」に比べ下げる
2	2030年までに災害による被災者を大幅に減らし、「2020-2030年」の10万人あたり被災者数を「2005-2015年まで」に比べ下げる
3	2030年までに災害による直接の経済的損失を国内総生産（GDP）との比較で減らす
4	災害へのレジリエンスを高め、2030年までに医療や教育などの重要なインフラへの損害や基本サービスの途絶を大幅に減らす
5	2020年までに国や地方レベルの防災・減災戦略を有する国の数を大幅に増やす
6	2030年までに開発途上国への国際協力を大幅に強化し、この枠組を実行するための持続的な支援を行う
7	2030年までに多くの人が複合災害に対応した早期警戒システムや災害リスク情報を利用できるようにする

災害のリスクを理解し、共有する	災害リスク管理を強化する	防災・減災への投資を進め、レジリエンスを高める	災害に十分備え、復興時には「より良い復興」を実現する

図6.3　仙台防災枠組4つの優先行動

　仙台防災枠組は、これら目標や協定と密接に関わっています。例えば、災害被害の軽減の考えは直接的にはSDGs目標11「住み続けられるまちづくりを」に反映されています。SDGs目標13は「気候変動に具体的対策を」を掲げています。先述した通り、近年、気候変動による自然災害が多発化、激甚化する傾向を見せており、気象災害に備え、身を守る防災・減災対策を進めることが気候変動に適応していくことにつながります。さらに国際協力を通じて、より所得の低い国での災害リスクへの理解が深まり、災害リスク管理体制が強化されることにより、貧困や飢餓の緩和、健康や教育状況の改善、住む場所を追われる人々や土地をめぐる紛争などが減少していくことが期待されています。

6.2　実際の災害で得た教訓に学ぶ―学校防災に着目して―

6.2.1　包括的学校安全

　仙台防災枠組においては、教育は災害リスク軽減に向けた包摂的な施策の1つに位置付けられ、災害前、中、後のあらゆる段階において教育が重要であるとしています。また、先述の7つの具体的目標を教育分野に適用すると、「自然災害時の学校での人的被害を最小化する」「学校建物や施設等における被害を大幅に削減する」「自然災害による休校期間を短縮する」と捉えられます。さらに、学校での人的・物的被害を減らし、教育の中断を最小限に抑えるために、国際的には「包括的学校安全枠組」の考えに基づいて学校防災が推進されています。包括的学校安全とは、自然災害発生時に国際的に子ども支援を行う国連機関や国際NGO等が共同で策定したもので、国の防災戦略の下、教育政策や教育計画などに防災を明確に位置付け、安全な学校施設、学校防災管理、防災教育の3つの柱を中心に包括的に学校防災を推進していこうとする考え方です（図6.4）。

　仙台防災枠組の前身である「兵庫行動枠組2005-2015」では、「防災文化を構築するため、知識、技術、教育を活用する」（優先行動3）ことを掲げ、主として防災教育を学校カリキュラムに統合することを目指していました。しかし、防災教育を推進するだけでは、自然災害による学校での児童・生徒の被害を減らすことはできないとの認識が広まりました。そこで仙台防災枠組では、具体的目標として「医療・教育施設を含めた重要インフラへの損害や基本サービスの途絶を2030年までに大幅に削減する」ことが盛り込まれたのです。

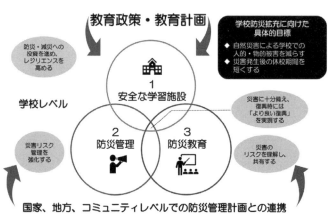

図6.4　包括的学校安全枠組と仙台防災枠組の優先行動（筆者作成）

6.2.2 地震による学校被害と災害に強い学校づくり

2008年5月12日14時28分に発生したマグニチュード（Mw）7.9の四川大地震では、四川省で6,898棟の学校が倒壊し、約1万1千人の児童・生徒が授業中に犠牲になりました。学校建物が基準に満たない構造で建設されていたことが倒壊の主な原因とされ、その後、中国での学校や病院等の建築基準の耐震性引き上げにつながり、国際的にも学校建物の安全性の確保に向けた積極的な取組が開始される契機となりました。地震の被害や学校の耐震化の重要性を次世代に伝えるために、一部の倒壊被害を受けた小・中学校の建物が現地では震災遺構として保存され、防災学習の施設となっています。

2015年4月25日11時56分に発生したマグニチュード（Mw）7.8のネパール・ゴルカ地震では、死者約8,790人、負傷者2万2千人、倒壊家屋約50万棟の被害が生じ、学校等の教育機関にも甚大な被害が生じました。幸いにも発災当日は土曜日であったことから学校は休みで、子どもたちの被害は免れました。しかし、31,000以上の教室が全壊あるいは大きな被害を受けました。日本建築学会の調査ではネパールの学校被害は、組積造（そせきぞう）と呼ばれる石や日干しレンガ等で作られた建物で多くみられ、それらの被害が大きいことが確認されています（図6.5）。

このように、低中所得の国々では国の予算も限られ、学校の耐震化は十分に進んでおらず、ひとたび大地震が起きると学校建物の倒壊により、子どもたちの命が脅かされる状況にあります。また、学校の再建が進まず、安全な学習の場が奪われ長期にわたり教育が受けられない状況が発生しています。仙台防災枠組に掲げられた「より良い復興」を目指し、国際協力を通じて耐震性を強化した学校づくりが世界各国で進められています。

日本では、学校建物の耐震化が進められており、東日本大震災発生時には多くの学校に児童・生徒が在校していたものの、地震による建物倒壊による子どもの犠牲はありませんでした。しかし、津波による児童・生徒の犠牲や学校建物への被害を避けることはできませんでした。

近年、台風や大雨などによる学校建物の被害が相次いで報告されていま

| 日本の支援で建設された学校建物（被害は軽微で使用可） | 同じ学校敷地内に竹で作られた伝統的デザインの仮設教室 | 学校周辺に多くみられた倒壊した組積造の住宅 |

図6.5 ネパール地震後の学校と倒壊した周辺住宅（写真提供：桜井愛子）

す。多様化する自然災害に対して学校での子どもたちの犠牲や学校施設への被害を減らすためには、建物の耐震化だけでなく、学校の立地を考慮したマルチハザード対策（例：屋上への避難用外階段の設置等）や気象情報や避難情報に基づいた早期避難等が求められています。また、体育館の天井、学校のブロック塀等の非構造部材の耐震化も重要です。

6.2.3　自然災害による教育の中断

　自然災害後に学校建物や施設が損害を受け、授業が提供できなくなると子どもたちの学習機会が損なわれます。そこで、教育が中断される期間を短くし、早期に学校を再開することが国際的な目標として示されています（表6.2）。

　2011 年 3 月 11 日の東北地方太平洋沖地震（Mw 9.0）では、全国で 6,250校の公立学校が物的被害を受け、そのうち 202 校では建て替えもしくは大規模修繕を必要とするほどの被害を受けました（文部科学省）。被災した学校では 3 月中の授業は打ち切られ、新年度の開始が最も遅いところではゴールデンウィーク開けとなる学校もあり、春休みを含め最短でも 1 か月、最長では 2 か月近くも教育活動が中断しました。

　2016 年 4 月 14 日（Mw 6.2）・16 日（Mw 7.0）の熊本地震では、被災した 6 県で公立・私立合わせて 928 校の学校施設が被害を受け、被害の最も大きかった熊本県では地震発生から 1 か月近くを要して全小中学校が再開されました。

　平成 30（2018）年 7 月豪雨では、630 の公立・私立学校で床上浸水、法面崩壊、校舎等の屋根ガラス等の破損により被害が発生しました。堤防の決壊等により、岡山県内で最も被害の大きかった倉敷市真備地区では学校再開は夏休み明けの新学期からとなり、学校再開まで 2 か月近く教育活動が中断されました（**第 3 章**）。

　2013 年 11 月 8 日に、フィリピンのレイテ島を中心に襲来したスーパー台風ハイエン（台風 30 号）では、6,000 人以上の命が失われ、400 万人以上の人々が家を失いました。被災地では、2,500 以上の学校が全壊または半壊し、12,400 近くの教室が修繕を必要とする程の被害を受けました。また、多くの沿岸部の学校建物が避難所として使用されました。フィリピン教育省は国際社会の支援を受けて教育復興にあたり、甚大な被害を受けたタクロバン市では新学期となる 2014 年 1 月 6 日に学校が再開され、通常の休みを含み約2 か月間学校が閉鎖されました。先述した 2015 年 4 月に発災したネパール地震では、被災地の学校では発災後約 1 か月間休校となり、その後も教室の修繕・再建が遅れ、子どもたちの学習に影響を及ぼしました。

　このように、自然災害後に学校が被害を受け、数か月間、教育活動が中断されてしまう現実は、日本を含め世界的な課題であり、仙台防災枠組ではいかにして自然災害後の休校期間を短縮できるかに取り組んでいます。

6.3 自校園で何をすべきか考える

これまでの国際的な防災戦略における学校防災の取組についての解説をふまえて、実際に我が国の学校レベルにおいて、自然災害後の**学校再開**に向けてどのような取組が求められるか、学校の早期再開の観点から考えていきましょう。

我が国においては、学校建物の耐震化は99.0%（2019年8月時点）達成されており、学校においては学校安全計画、危機管理マニュアルの策定を通じて学校防災体制の拡充が図られています。

6.3.1 教育再開に向けた具体的な取組

東日本大震災後、地震・津波対応を中心に「学校防災マニュアル」の整備が全国の学校園で進められてきましたが、近年は増大する気象災害も含んだ内容へと拡充しつつあります。学校防災マニュアルに加えて、兵庫県教育委員会や宮城県教育委員会が作成した学校再開に向けたマニュアルやハンドブックが参考になります。災害発生後の学校再開を早急かつ円滑に行うため、学校再開を判断する際に必要となる手順や事前整備および対応方法等がとりまとめられています（表6.3）。

表6.3 教育再開に向けた取組のフロー（宮城県教育委員会、2019）

1	児童・生徒、教職員の被災状況の確認
2	家庭・保護者の被災状況の確認
3	学校園施設・設備等の点検（移転先での準備、仮設校園舎建設要請を含む）
4	通学路の安全点検と通学方法（公共交通機関、スクールバス等）の確認
5	教育環境の整備（授業形態、教職員の配置、支援受入・マスコミ対応等）
6	避難所運営支援と共存（事前協議と連携、区域分け、避難所解消等）
7	給食業務の再開
	災害時における心のケア（児童・生徒の心のケアと教職員・保護者のメンタルヘルス）

6.3.2 学校再開時の様々な状況

地震による振動被害や津波や河川の氾濫などによる浸水被害で学校施設が甚大な被害を受けた場合、程度によっては自校で学校再開が困難な場合があります。その場合、他の学校や公共施設等に移転して学校再開を余儀なくされます。移転先では、教室の間借り、移転先学校の校庭での仮設教室での再開となる場合もあり、1つの学校で複数の学校が併設・同居したり、逆に1つの学校が複数の施設に分かれて再開する事例もあります。このように、学校再開が可能となっても、決して良好とはいえない学習環境の中での再開を強いられることも想定されます。また、自校が被災した学校を受け入れる側となる状況も考えられます。

自校再開できる場合でも、学校建物が甚大な被害を受けて体育館で再開す

る場合や、学校が避難所となった学校では避難者が滞在している中で学校を再開したり、学校敷地に仮設住宅がある中で再開したりする場合等もあります。実際、こうした事例が東日本大震災の後には多く見られました。

　いずれの場合においても、自然災害後の学校再開にあたって、子どもたちの学習環境を少しでも改善していくためには、日頃からの学校と家庭、地域、外部団体等による協力や連携（**第7・8章**）が不可欠です。　〔桜井愛子〕

■ 学習ドリル　職員会議などで、この章の内容をふまえ議論してみましょう

① 自校の危機管理マニュアルには学校の早期再開に向けた手順が示されていますか？

② 学校の再開に向けた役割分担が、管理職、教務・主幹教諭、防災担当、学級担任、養護教諭、事務職員等の別に決められていますか？

③ 学校再開時に必要となる備品の準備や授業形態の工夫のための役割分担が決められていますか？

④ 学校避難所に関して、学校施設の開放区域と使用禁止区域が明確に示されていますか？

⑤ 学校再開に合わせた学校避難所の解消手順や避難所との共存のための手順があらかじめ地域や PTA 等と合意されていますか？

コラム　災害時における子どもの学び支援

　フィリピンやネパール等では、大規模自然災害が発生すると教育分野にも国連児童基金（UNICEF）や国際子ども支援団体が被災地の自治体や学校と連携し、学校復旧支援を行います。東日本大震災の後、東北の被災地にもこれら団体が支援を行いました。学校の早期再開に向けたランドセルや文具等の提供、給食補助食の提供、避難所や仮設住宅から学校へのスクールバスやタクシーの支援、授業後の学習支援、学童施設の建設や運営などの活動です。これら外部団体はあくまで「行政を補完する」役割を果たしますが、新たなニーズを発掘してその後の被災地で展開される支援もあります。自然災害で被災した親が自宅の片付けなどに出かける際、安心して子どもたちを預けることのできる場所、子どもたちが安全・安心して過ごせる居場所の提供もその1つです。

参考文献

1) 防災・減災日本 CSO ネットワーク（2015）『市民のための仙台防災枠組 2015-2030』

2) 桜井愛子（2017）「大災害後の教育復興支援をめぐる国際協力」，五百旗頭真・片山　裕編『防災をめぐる国際協力の在り方：グローバルスタンダードとの現場との間で』，ミネルヴァ書房

3) 桜井愛子（2020）『自然災害と学校』，渡邉正樹編著『学校安全と危機管理　第三版』，大修館書店

4) 宮城県教育委員会（2019）『学校再開ハンドブック』

5) 渡邉正樹・佐藤　健（2019）『レジリエントな学校づくり』，大修館書店，2019 年

6) Centre for Research on the Epidemiology of Disasters-CRED（2016）"Poverty & Death: Disaster Mortality 1996-2015"

7) Centre for Research on the Epidemiology of Disasters-CRED（2018）"Economic Losses, Poverty and Disasters 1998 -2017"

第 7 章

学校と家庭・地域との連携・協働の仕組みづくり

学習のポイント

❶ 連携・協働に関する我が国の推進計画を知る。

❷ 具体的な事例の学びを通して連携・協働の有効性を理解する。

❸ 連携・協働の対応相手となる地域人材を活かす。

7.1 総　　説

　この章では、学校安全の推進にあたって近年さらに重視されるようになった家庭、地域、関係機関等との連携・協働のあり方についていくつかの事例を取り上げ、その効果や取組の持続可能性について考えます。

7.1.1 近年さらに重視される連携・協働による学校安全

　我が国は、学校安全の推進に関する今後の方向性を示すために、**第 2 次学校安全の推進に関する計画**を、平成 29 年 3 月 24 日に閣議決定して策定しました（☞＊1）。この計画には、これまでの国の取組の検証や社会情勢の変化等をふまえた新たな 5 年間（平成 29 年度から令和 3 年度まで）における学校安全の施策の基本的な方向性と具体的な方策が示されています。

　そして、次の 5 つの事項についてそれぞれの施策目標を設けています。

（1）　学校安全に関する組織的取組の推進

（2）　安全に関する教育の充実方策

（3）　学校の施設及び設備の整備充実

（4）　学校安全に関する PDCA サイクルの確立を通じた事故等の防止

（5）　**家庭、地域、関係機関等との連携・協働による学校安全の推進**

　5 番目の柱がこの章に深く関係する部分であり、国が推進する主要な事項であることがわかります。このことについての具体的な解説と施策目標を表 7.1 に示します。2 つある施策目標に記載してある通り、連携や協働の取組は、特別な一部の学校だけではなく、**すべての学校において**求められているのです。そこで以下では、こうした学校と他の関係先との連携・協働が必要不可欠とされる背景となった東日本大震災における命を守る緊急避難やその後の避難所運営からの教訓（日本安全教育学会、2014）とその意義について解説します。

＊1　最初の「学校安全の推進に関する計画」は、学校保健安全法に基づいて、平成 24 年 4 月に策定（平成 24 年 4 月 27 日閣議決定）

表7.1　家庭、地域、関係機関等との連携・協働による学校安全の推進

児童生徒等の安全に関する課題については、複雑で多様な要因が関係しているものも多いことから、学校や教職員のみによって学校安全の取組を適切に進めることは困難である。このため、全ての学校において、保護者や地域住民、関係機関との連携・協働に係る体制を構築し、それぞれの責任と役割を分担しつつ、学校安全に取り組む。

施策目標11

全ての学校において、児童生徒等の安全に関する保護者・地域住民との連携体制を構築する。

施策目標12

全ての学校において、児童生徒等の安全に関する外部専門家や関係機関との連携体制を構築する。

文部科学省（2017）（7〜8ページ）より引用

7.1.2　緊急避難と事前の検討

(1)　岩手県大船渡市立越喜来小学校の事例から

越喜来小学校は、東日本大震災で鉄筋コンクリート造3階建ての校舎3階まで浸水したものの、津波襲来前に祖父母に引き渡した児童を含めて全員が無事だった事例です（図7.1）。この学校では、津波に対して校舎上階への避難は考えずに、初めから高台に避難する避難マニュアルが震災以前からあり、津波避難訓練も実施していました。また、校舎2階から直接、道路に出ることができる非常用避難通路が設置してあったことによる避難時間の短縮や、高台に避難した後も常に津波の状況を監視しながら段階的な避難行動をとったことなど、多くの教訓を得ることができます（日本安全教育学会、2013）。

その中で、学校と家庭、地域との連携という観点からの教訓として、**学校の避難行動について保護者、地域住民との事前の共通理解があった**ということについて、その意義を考えてみます。

図7.1　越喜来小学校の地理的条件と津波浸水マップ
図7.1は日本地理学会災害対応本部津波被災マップ作成チーム（2011）から引用。シャドウ（原図は赤色）は津波浸水域を示しています。図7.2も同様。

＊2　津波てんでんこ
自分の命はそれぞれが自分で守れ」という三陸地方における教訓

津波の際の避難場所である高台（南区公民館）は、保護者もよく知っている場所であり、津波警報が解除されるまで学校へは戻らないことになっていました。実際に、児童の保護者への引き渡しは学校ではなく南区公民館にて行われ、地震発生翌日の昼には児童の引き渡しが完了しました。このことで、家族の安否確認のために教職員の一旦帰宅も可能となりました。

もしこのような事前の共通理解ができていなかったならば、保護者は子どもの居場所がわからず、危険な状況の中でも学校に子どもを迎えに行ったり、探したりしたはずです。**津波てんでんこ**（山下、2008）（☞＊2）は、越喜来小学校のような**関係者間での事前の共通理解**が確立してこそ実現できるものと考えます。

(2)　宮城県南三陸町立戸倉小学校の事例から

戸倉小学校は、東日本大震災で鉄筋コンクリート造3階建ての屋上まで浸

水したものの、学校管理下の児童 91 人全員が無事
だった事例です（図 7.2）。この学校では、津波に
対する避難計画を学校ぐるみで検討をしていたもの
の、高台への避難と校舎上階への避難のどちらがよ
り安全な避難先となるかについて、結論を得ていな
い状況で当日を迎えました。結果として、校長と教
頭は高台（宇津野高台）への避難をすぐに決定した
のです。高台に避難した後も常に津波の状況を監視
しながらさらに標高の高い五十鈴神社へ**段階的な避**
難行動を行ったことだけでなく、**学校ぐるみで避難**
について議論していたことなど多くの教訓を得るこ
とができます（麻生川、2012）。

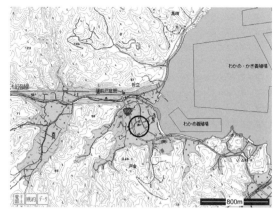

図 7.2 戸倉小学校の地理的条件と津波浸水マップ
日本地理学会災害対応本部津波被災マップ作
成チーム（2011）より

　高台への避難を決めた理由について、麻生川敦校長（当時）は、校長と教
職員との約 2 年間にわたる避難マニュアルの議論が、校舎屋上への避難とい
う選択をせず、高台への避難行動につながったとふり返っています。また、
日常的に何でも話ができる職員集団をつくることや、地元のことをよく知る
教職員の意見が貴重で防災に重要な役割を持つこと、地域のリーダーと学校
の関係が深く、避難の意思決定や緊急対応がスムーズに展開できたことか
ら、**地域の力は防災の要**であるとも述べています。加えて、麻生川氏は、
「地域連携」をテーマとした基調講演の中で、次のように述べており、多く
の示唆を与えています（麻生川、2017）。

- 危機管理上の想定は、学校だけで行うのではなく、家庭や地域の方々と
  一緒に行うべきであり、それを徹底的に共有すること。
- 学校の防災マニュアルは保護者や地域の方々に常にオープンにして、作
  成や改善の際に保護者や地域の方々にも参加して頂くこと。
- 学校の避難訓練を保護者や地域の方々に公開し、地域ぐるみで一緒に取
  り組むこと。

7.1.3　避難所運営

⑴　宮城県仙台市立枡江小学校の事例から

　枡江小学校は、内陸部にあり津波による直接の影響を受けませんでした
が、指定避難所であるため体育館に避難所が開設されました。震災発生初日
の避難者は、概数で 600〜700 人程度でした。

　東日本大震災の避難所の開設や運営にあたっては、多くの学校において教
職員が大きな役割を長期間にわたって果たしましたが、枡江小学校の教職員
は管理職を含めて地震発生当日から 1 日も学校に宿泊しないで済みました。
それは、教職員が協力しなかったというわけでは決してなく、地元の町内会
に避難所運営を安心して任せることができたからです。中心となった町内会
長さんは、**避難所には、地域の方が避難して集まってくるのだから、自分た**

ち町内会で避難所を運営することが当然であるという考え方の持ち主でした。

この町内会は、1978（昭和53）年宮城県沖地震の後、20年間にわたって枡江小学校の体育館を主会場とした町内会主催の防災訓練を継続開催し学校からの信頼を得ていたことや、体育館の鍵を町内会長が預かっていたことなどが功を奏したと言えます。また、避難所生活からの自立など避難者に対して学校長の立場では言いづらい協力要請も、町内会長から呼びかけられたため、周辺の学校の避難所よりも早期の閉鎖を実現しました。

一方で、最後まで避難所の運営組織が立ち上がらず、避難所の運営は、校長のトップダウンに基づいて教職員と避難者の中のボランティアで避難所の運営を行わざるを得なかった学校も少なくありません。毎朝、教職員が各教室をまわって避難者数を確認し、蓄えてある食料の量と避難者の人数でその日の配膳内容について検討や調整を行った事例もありました。

学校と地元町内会との信頼関係が醸成されているほど、災害時における教職員の負担軽減はもちろんのこと、子どもたちの心の安定と学校の早期再開（教育機能の維持）に寄与することは間違いありません（**6.3.2項**参照）。

⑵　学校の立地条件をふまえた災害時想定と計画づくり

東日本大震災の経験から学校の立地条件によって避難所の状況が大きく異なり、求められる対応も様々でした。以下に、いくつかの具体例を示して、学校の立地条件をふまえた災害時想定と計画づくりの重要性について述べます。

はじめに、不特定多数の帰宅困難者が避難所である学校に押し寄せる、いわゆる**帰宅困難者問題**が顕著となる事例がありました。指定避難所（☞＊6）である学校は、避難が必要な地域住民のための施設であるという認識が崩れ、中には避難者全体の7〜8割が帰宅困難者となっている状況での避難所運営を余儀なくされる学校もありました。この学校では、周辺の施設への避難者受け入れ（学校からの移動）の緊急要請も行われたほどでした。都心部の乗降客数の多い主要駅や大型商業施設などに隣接した学校では、このような災害時の想定をしておく必要性を示しています。帰宅困難者が問題となるような学校では、震災発生直後は急激に多数の避難者が押し寄せ混乱をきたしますが、公共交通網が再開されれば、帰宅困難者は避難所に留まる必要がないため急激に減少していくように避難者数の時間変動が大きくなります。こうした経験から、市町村によっては帰宅困難者を一時的に収容するための滞在施設の整備が進められている場合があります。

次に、避難者数の時間変動が逆に小さくなる場合について述べます。例えば、沿岸部の津波被災エリアからの避難者受入れの最前線に位置していた学校では、前述した不特定多数の帰宅困難者の場合と異なり、自宅が流出や浸水の被害を受けていることから帰宅することができず、応急仮設住宅が整備されるまで長期にわたり避難所に留まることになります。このような場合、避難者が体育館等の学校施設を占有した状態のまま学校再開せざるを得ない

場合があります。占有されている体育館等が使用できないことはもちろんのこと、教育活動が制約を受けたり、新たな安全確保が必要となったりすることへの対応が求められることになります。

　学校の立地条件をふまえた災害時の想定を行い、それに基づいた計画づくりを、学校だけでなく、家庭や地域といっしょに地域社会が総ぐるみで取り組むことが必要です。学校の立地条件による様々な状況の違いを東日本大震災から学ぶことができます（佐藤、2019）。また、避難所運営については、東日本大震災後の度重なる自然災害の経験や新型コロナウイルス感染症など、新しい社会的課題に対する高度な対応も求められるようになってきています（文部科学省初等中等教育局、2017；内閣府他、2020；日本災害情報学会、2020）。

7.1.4 東日本大震災から「生きる力」を育む学校での安全教育へ

　文部科学省は、学校における安全教育の充実と適切な安全管理を推進するために、2019（平成31）年3月、『「生きる力」を育む学校での安全教育（改訂2版）』を発行しました。この中でも、**家庭・地域・関係機関との連携**の重要性が取り上げられています（表7.2）。また、具体的な連携・協働の取組について、解説文の中から主要な部分を抜粋して示します。これらは、前述した学校をはじめとする多くの学校による教訓そのものであると言えます。学校だけの閉じた取組ではなく、信頼できる地域人材を積極的に活かすべきです。

- 学校安全計画や危機管理マニュアルの作成・見直しについて、保護者や地域住民、関係機関等に意見・助言を聴取することや、作成した学校安全の方針を具体的に共有することが重要である。
- 学校は、学校安全計画や危機管理マニュアルを基に、学校の安全教育・安全管理の方針等を保護者や地域住民との間で具体的に共有し、協力を求めたり、保護者・地域住民の学校運営などに対する意見を的確に把握し、各学校の学校安全活動に活かしたりすることが大切である。

表7.2 家庭、地域、関係機関との連携のポイント

・安全上の課題が複雑化・多様化する中で、学校等で全てを担うことは困難であること、児童生徒等が事故等に遭遇するのは学校だけではないこと等から、家庭・地域・関係機関との連携が不可欠である。
・その際、地域や学校の実情に応じて、様々な形での連携体制づくりやボランティア等の協力を得ることが考えられる。
・また、教育委員会が積極的に関係部局や関係機関等と連携を図り、学校を支援することが大切である。

文部科学省（2019）（111ページ）より引用

7.2 平常時における連携・協働の活動事例に学ぶ

　この節では、将来の災害に備え、平常時からの学校と家庭、地域、関係機

関等が連携・協働している活動を例示します。これらは国から表彰を受けるほどの先進的な活動であるため、ただちにどの学校でも同じ水準で取り組めるとは限りません。しかし豊富な経験やヒントが含まれていますので、着手できそうなところから参考にしてみましょう。

7.2.1　宮城県仙台市宮城野区福住町町内会の事例から

　仙台市宮城野区のほぼ中央に位置する福住町は、約 400 世帯、人口約 1,500 人の住宅地です。福住町の南側には梅田川が流れ、梅田川への排水機場もあり、1986（昭和 61）年台風 10 号（「8.5 水害」）や 2019（令和元）年台風 19 号（令和元年東日本台風）などの際に内水氾濫（☞＊3）による浸水被害を受けた低地という地理的条件にあります。福住町町内会による防災活動は、「福住町方式」（菅原・三好、2015）と呼ばれており、他の地域にとっての模範となる取組が国からも評価され、令和元年防災功労者内閣総理大臣表彰を受賞しました。ここでは、学校と家庭、地域、関係機関等の連携・協働に基づいた防災の取組として、福住町が中心となり小学校や中学校、関係機関等と連携した防災訓練について紹介します（大内、2019）。

　福住町町内会を含む仙台市立高砂小学校区 8 町内会と高砂小学校、および高砂小学校の約半数の児童が進学する仙台市立田子中学校が連携し、学校行事に位置付けた地域との合同防災訓練を実施しています。さらには高砂市民センター、田子市民センターなども連携の枠組に入り、防災活動がさらに拡大しています。図 7.3 は平成 30 年度の活動の様子です（口絵 3 参照）。小中学生たちは、各自が居住する地元の町内会の訓練会場において、同じ地域の自主防災組織の大人たちと一緒に活動しており、福住町の場合は福住町公園が訓練会場となります。小学生は中学生の姿を見て学び、中学生は地域のために活動する大人の姿を見ながら防災訓練の参加を通して様々な知識と技術を地域から学ぶ機会を得ます。

　この防災訓練をはじめとした自主防災活動を推進している地域人材が仙台市地域防災リーダー（略称：SBL ☞＊4）です。福住町の SBL は、福住町町内会の副会長と防災・減災部長を兼務している女性が担っています。仙台市では平常時からの**地域に根ざした自主防災活動**の中で学校等との連携のつなぎ手役や推進役としての活躍が広がりつつあります（佐藤、2018）。

7.2.2　神奈川県横浜市立北綱島小学校地域防災拠点委員会の事例から

　横浜市立北綱島小学校は、平成 21（2009）年 4 月 1 日付けで学校運営協議会を置く学校（**コミュニティ・スクール：CS**）として指定された学校です。学校区の東側を流れる矢上川と西側を流れる早渕川は鶴見川の支流であり、洪水・氾濫がくり返されており、学校区の大部分が低地で軟弱地盤となっています。

　北綱島小学校は、平成 23 年度に「地域の自然と社会への理解を育て、学

＊3　**内水氾濫**とは、河川の水位の上昇や流域内の多量の降雨などにより、河川外における住宅地などの排水が困難となり浸水すること。内水氾濫の対語として、河川の氾濫を「外水氾濫」といいます。

図 7.3　学校と地域の合同防災訓練で活躍する中学生（佐藤健撮影）

＊4　**地域防災リーダー**は、自主防災活動を率先する人材として地方自治体が養成しています。その中で、仙台市地域防災リーダー（SBL）の特徴は、平常時から顔の見える関係のもとで地元地域に根ざして活動することです。SBL の情報は、連合町内会長や学校長に提供されます。

校・家庭・地域が連携して推進する防災教育」を研究主題とした実践研究を行っています。また、平成24年度には、内閣府の防災教育チャレンジプランの実践校として、「学校、地域、保護者が地域の災害想定を共有して取組む防災教育の推進」に取り組むなど、家庭や地域との連携・協働による防災教育を先駆的に実践している学校の1つと言えます（鷲山、2019）。このような「きたつな」らしいと評される**学校・家庭・地域連携に基づく安全防災教育の継続的な教育活動**は国からも評価され、平成30年度**地域学校協働活動推進に係る文部科学大臣表彰**を受賞しました（☞＊5）。ここでは、学校と家庭、地域、関係機関等の連携・協働に基づいた防災の取組の1つとして、特に「地域防災拠点運営委員会」による学校と地域の合同防災訓練について紹介します。

平成30年度地域防災拠点訓練の様子を図7.4に示します。訓練当日における子どもたちや地域の一般参加者に対する指導者は、消防署職員や学校教職員ではなく、地域防災拠点運営委員会の地域住民や保護者ボランティア等が担っているのです。彼らが指導者役を担うためには、事前に防災資器材や設備の仕組みや操作等をマスターしておく必要があるため、一定の負担がある一方で、学校や地域のために活動する大人の姿を北綱島小学校の子どもたちは目の当たりにすることになります。

7.3 地域のことは地域から学ぶ必要性

防災に関する社会システムは、きわめて狭い範囲の「ローカルルール」が運用されている場合が少なくありません。一般論の学習がどの地域にも適用できるとは限りません。ローカルルールの具体例をいくつか取り上げます。

7.3.1 市町村による防災計画の違い

災害から命を守る**指定緊急避難場所**と、その後の避難生活のための**指定避難所**について取り上げてみます（☞＊6）。これらはいずれも災害対策基本法によって市町村長が指定することになっています。同じ県内のA市とB市の避難場所・避難所に関する公開情報の一部を、表7.3と表7.4に示します。

まず、A市では、表中の「○」は避難できる施設を、「2階以上○」は洪水時に当該エリアが浸水するものの2階以上に避難可能な施設を、「×」は洪水時に浸水するため避難できない施設、または土砂災害警戒区域等の指定を受けているため洪水（大雨）時は避難できない施設をそれぞれ示しています。例えば、b小学校は緊急避難場所、避難所にも指定されていながら、洪水および土砂災害に対しては、一切利用できません。一方で、c小学校は洪水に対して、建物の階数を付帯条件として2階以上の空間であれば、緊急避難場所、避難所としても利用できることになります。

＊5 **地域学校協働活動**とは、地域全体で次代を担う子どもたちを育成するために、地域と学校が連携・協働し、地域の教育力の向上を図り、社会総掛かりでの教育の実現を目指すことを目的に、幅広い地域住民等の参画により、地域全体で未来を担う子どもたちの成長を支え、地域を創生する活動のこと。

図7.4 学校と地域の合同防災訓練で活躍する地域住民（佐藤健撮影）

＊6 **指定緊急避難場所**
居住者等が災害から命を守るために緊急的に避難する施設または場所
指定避難所
避難した居住者等が災害の危険がなくなるまで一定期間滞在し、又は災害により自宅へ戻れなくなった居住者等が一時的に滞在する施設
内閣府（防災担当）（2017）より引用

表7.3　A市の避難場所・避難所一覧

施設名	所在地	対応する災害の種類			指定緊急避難場所	指　定避難所
		地震	洪水	土砂災害		
a小学校		○	○	○	○	○
b小学校		○	×	×	○	○
c小学校		○	2階以上○	○	○	○

表7.4　B市の避難場所・避難所一覧

施設名	所在地	指定緊急避難場所				指　定避難所
		高潮	洪水	土砂災害	津波	
d小学校		○	×	○	避難場所	○
e小学校		○	○	×	避難場所	○
f小学校		○	○	○	避難ビル	○

　次に、B市では災害種類として地震の欄がない一方で高潮や津波の欄があるなどA市の避難場所・避難所一覧とは構成も異なることがわかります。また、d小学校については、洪水に対して緊急避難場所としては建物階数に関わらずに利用できませんが、避難所としては利用できることになります。

　このように、たとえ同じ県内であっても、市町村が変わると避難場所・避難所の表記方法も考え方さえも大きく異なることを理解する必要があります。したがって、子どもにとって身近な自分の学校や近隣の施設を題材とした避難施設に関する学習指導を行う際は、このようなローカルルールについて事前の確認が必要です。

7.3.2　連携組織や町内会ごとのローカルルールの存在

　仙台市では、東日本大震災の経験もふまえて○○小学校避難所運営委員会などの名称の連携体制のもと、当該学校施設を避難施設として利用する町内会等をあらかじめ決めて、役割分担を含めた避難所運営について協議しています。

　このような場合は、「ある地域住民が○○小学校区内に居住していたとしても、当該町内会が△△中学校を指定避難所として利用する」ようなローカルルールを適用している場合があります。したがって、子どもたちが地域に根ざして防災に関する社会の仕組みについて学習する場面では、子どもたちが居住する行政区や町内会ごとに運用されているローカルルールの有無と具体的な内容について、町内会長や自主防災組織などに確認する必要があります。

　避難施設となる同じ学校であっても、災害種類が地震の場合は、避難所として体育館から開放し始める一方で、洪水の場合は、もし浸水想定エリア内にあれば浸水可能性を考慮し、体育館ではなく最初から校舎の上階を緊急避難場所や避難所として開放することが考えられます。校舎内の各教室の開放順位もあらかじめ決めてあれば、それも学習の題材とすることができます。

7.4　自校園で何をすべきか考える

7.4.1　活動の枠組や対応相手を見つける

　学校と家庭、地域、関係機関等との連携・協働の活動を展開するにあたっては、既存の連携の枠組があれば、その積極的な活用が望まれます。例えば、先述の北綱島小学校のようなCS導入校であれば、学校運営協議会の場において、学校・家庭・地域が連携した「防災活動」を学校の経営方針や重点取組目標に掲げることが可能となります。北綱島小学校の平成30年度学校経営方針における実際の7つある重点取組分野のうちの2分野を表7.5に示します。

　学校運営協議会として合意形成された経営方針に、学校と家庭、地域との連携に基づいた防災教育を位置付けることにより、校長が人事異動しても、取組は継続しやすくなります。CSの枠組を活かした北綱島小学校の教育活動モデルは、先に述べた麻生川氏による今後の学校防災のあり方を具現化しているロールモデルの1つと言えます。

表7.5　横浜市立北綱島小学校平成30年度版中期学校経営方針（一部抜粋）

重点取組分野		取組目標
地域連携		・学校運営協議会を通して、地域、家庭との連携を強化し、共に防災教育や地域の教育力を活用した学習活動を充実させ、地域に開かれた学校づくりを推進する。
担当	地域連携	
安全防災教育		・在校時間帯の災害に適切な対応ができる体制づくりと、訓練の質の向上を図る。
担当	安全プロジェクト	・学校、家庭、地域の連携のもと、「きたつな防災プラン」をPDCAサイクルで見直し、様々な危険から身を守る防災教育の充実を図る。

　また、2015（平成27）年3月に初めての認定校が誕生した**セーフティプロモーションスクール**（SPS☞*7）についても、CSの枠組と同様に有効な活動モデルとなります。SPSは、教職員・児童生徒等・保護者、さらには子どもの安全に関わる地域の機関や人々が学校安全の重要性を共感し、そして組織的かつ継続可能な学校安全の取組を前提としていますので、SPSの認証にチャレンジすることも1つの推進方策となります。

　さらに、先に紹介した仙台市地域防災リーダーのように、個人情報を連合町内会や学校管理者に提供してまでも、平常時から地域に根ざした防災活動の推進者となる地域人材は貴重な**地域の教育力**となります。このような地域人材を早く見つけ、学校内で共有し、教育活動に活かすことが望まれます。

＊7　セーフティプロモーションスクール：教職員・児童（生徒・学生・幼児を含む）・保護者、さらには子どもの安全に関わる地域の機関や人々が学校安全の重要性を共感し、そして組織的かつ継続可能な学校安全の取組が着実に協働して実践され展開される条件が整備されている学校

7.4.2　活動を持続可能とするための仕組みづくり

　CSやSPS、避難所運営委員会のような既存の連携枠組が存在しない場合は、新たな枠組を構築する必要があるでしょう。枠組がないと、それまでの活動推進者の異動や新しく着任した管理職の個人的な意向により、これまでの活動が必ずしも継続されるとは限らないからです。コミュニティ・スクールで「日本で一番いい学校」（金子、2008）と評された京都市立御所南小学校の西孝一郎副校長（筆者のインタビュー当時）は、活動で重要となる4つのワークである**フィールドワーク、フレームワーク、チームワーク、ネット**

ワークのうち、特に「フレームワーク」がなければ活動は後続きしないと述べました。また、「将来のよき市民（町衆）を育てることを目指している。現に、本校の卒業生は町に戻ってきて地域のボランティア活動に協力してくれている。子どもの時にボランティア活動をしている地域の大人を見ていれば、大人になったら同じようにする。」と述べました。

　実際、横浜市立北綱島小学校の地域防災拠点訓練には、同校の卒業生の2名がボランティアとして参加し、先輩として児童の学習活動を支援する姿がありました。また、仙台市福住町の女性地域防災リーダーは、合同防災訓練に参加している地元の中学生に対して、「中学生のみんなが大人になったら、次はあなたたちお願いね。まちを守るんだよ」と次世代を担う子どもたちに大人の正直な心の内を明かしています。教育活動を展開しながら将来のよき市民（町衆）の人材育成の観点を地域ぐるみで持つことに大きな可能性を見出せます。

〔佐藤　健〕

▌学習ドリル　職員会議などで、この章の内容をふまえ議論してみましょう

① 家庭や地域との連携・協働体制（フレームワーク）を構築していますか？

② 学校の避難計画や防災訓練を保護者や地域にオープンにしていますか？

③ 学校安全計画は連携・協働の中で改善していますか？

④ 地域の教育力を活かした防災教育の実践ができていますか？

⑤ 連携・協働の活動は持続可能なものになっていますか？

コラム　避難施設の鍵管理

　横浜市では、「地域防災拠点の鍵管理ガイドライン」を策定しています。発災時には、鍵を所持する人が避難場所となっている学校に速やかに駆けつけ、避難施設の解錠を行う必要があるため、学校教職員とは別に区役所職員および近隣に居住する地域防災拠点運営委員会の役員等が、校門、体育館、防災備蓄庫の鍵を常時保管できることになっています。校舎内に防災備蓄庫、体育館、プールや受水槽が存在する場合には、校舎入口、保健室の鍵も実状に応じて関係者が保管しています。こうして、災害時に学校施設の無秩序な乱用や避難者による施設の破壊等を防ぎ、事前に決められたルールに従った避難所の円滑な開設と適切な運営を行うことが可能となります。このような取組は、平素からの顔の見える関係が基盤となることは言うまでもありません。

参考文献

1) 麻生川敦（2012）「東日本大震災における戸倉小学校の避難について」, 日本安全教育学会研究集会南三陸ミーティング2012「学校安全・危機管理と防災教育」プログラム・予稿集, pp.14-19

2) 麻生川敦（2017）「あの日学校であったこと～人のつながりと防災を考える～」, 第65回日本PTA全国研究大会仙台大会　大会記録, pp.151-157

3) 大内幸子（2019）「未来のまちづくりにつながる学校・家庭・地域による防災協働」, 日本安全教育学会第20回山形大会プログラム・予稿集, pp.22-23

4) 金子郁容（2008）『日本で「一番いい」学校—地域連携のイノベーション』, 岩波書店

5) 佐藤　健（2019）『学校再開・学校環境に及ぼす影響, レジリエントな学校づくり—教育中断のリスクとBCPに基づく

教育継続』, 大修館書店, pp. 42-58

6) 佐藤 健他 (2018)「仙台市地域防災リーダーによる地域に根差した防災活動」, 第 15 回日本地震工学シンポジウム論文集, pp. 3059-3064

7) 菅原康雄・三好亜矢子 (2015)『仙台・福住町方式 減災の処方箋』, 新評論

8) 内閣府他 (2020)「避難所における新型コロナウィルス感染症への更なる対応について」

9) 内閣府 (防災担当) (2017)「指定緊急避難場所の指定に関する手引き」,
http://www.bousai.go.jp/oukyu/hinankankoku/pdf/shiteitebiki.pdf

10) 日本安全教育学会 (2013)『事例 14 大船渡市立越喜来小学校, 災害その時学校は 事例から学ぶこれからの学校防災』, ぎょうせい, pp. 73-78

11) 日本安全教育学会 (2014)『東日本大震災における学校等の被害と対応に関するヒアリング調査記録集 (増補第四版)』

12) 日本災害情報学会 (2020)「避難に関する提言―新型コロナウィルス感染リスクのある今, あらためて災害時の『避難』を考えましょう―」

13) 日本地理学会災害対応本部津波被災マップ作成チーム (2011)「2011 年 3 月 11 日東北地方太平洋沖地震に伴う津波被災マップ 2011 年完成版」, http://www.ajg.or.jp/disaster/201103_Tohoku-eq.html, 2021年1月閲覧

14) 文部科学省 (2017)「第 2 次学校安全の推進に関する計画」,
https://www.mext.go.jp/a_menu/kenko/anzen/__icsFiles/afieldfile/2017/06/13/1383652_03.pdf

15) 文部科学省 (2019)「「生きる力」を育む学校での安全教育 (改訂 2 版)」,
https://www.mext.go.jp/component/a_menu/education/detail/__icsFiles/afieldfile/2019/04/03/1289314_02.pdf

16) 文部科学省初等中等教育局 (2017)「大規模災害時の学校における避難所運営の協力に関する留意事項について (通知)」
https://warp.ndl.go.jp/info:ndljp/pid/11539151/www.mext.go.jp/component/a_menu/other/detail/__icsFiles/afieldfile/2018/07/30/1407232_22.pdf

17) 山下文男 (2008)『津波てんでんこ 近代日本の津波史』, 新日本出版社, pp. 52-54

18) 鷲山龍太郎 (2019)「能動的学校経営の一環としてのファシリタブルな地域連携と安全―実践概要―」, 日本安全教育学会第 20 回山形大会プログラム・予稿集, pp. 24-25

第 8 章

地域住民や専門家と協働した防災授業づくり

学習のポイント

❶ 地域住民や専門家と協働した防災授業づくりの意義を知る。
❷ 具体的な事例を通して、防災授業づくりの方法を理解する。
❸ 地域住民や専門家と協働した防災授業をどのようにつくっていけばよいか
を考える。

8.1 総　　説

　この章では、地域住民や専門家と協働した授業づくりの意義について確認
します。筆者は、東日本大震災の前年度（2010 年 3 月）まで、岩手県釜石
市立釜石東中学校に勤務し防災教育を担当しました。その後、震災を生き抜
いた当時の生徒たちに、避難のときの状況や震災前に取り組んだ防災教育に
ついて聞き取り調査を行いました。ここでは、実際の津波避難、それ以前に
実施した防災教育の経緯や内容を紹介します。そこから導かれる、地域住民
や専門家と協働した授業づくりの意義を、震災を経験した生徒たちの言葉か
ら確認していきます。そのためにまず、読者の皆さんには釜石での生徒たち
の避難の様子を追体験していただきます。

8.1.1　防災学習が活きた釜石東中学校の避難

　2011 年 3 月 11 日 14 時 46 分、これまで経験したことのないとてつもない
大きな揺れが長く続きました。釜石市に震度 6 弱の地震が襲ったのです。こ
のとき、釜石東中学校は放課後で、生徒たちは部活動を行っていたり、卒業
式の準備を行っていたり、帰りの会をしていたりと広い校地内でバラバラの
状況でした。職員室にいた副校長は、避難の指示をしようと放送機器のス
イッチを入れましたが、停電で作動しませんでした。ある中学 2 年生の生徒
は、このとき体育館で生徒たちだけでバスケットボール部の準備運動を始め
たところでした。大きな揺れが起こり、まずは体を屈めて身を守っていまし
たが揺れがおさまりません。このままでは危険だと判断し、生徒たちで声を
かけあって体育館の外へ出ました。そして、声の聞こえる方へ走り出しまし
た。ボールを持って逃げようとする生徒に、別の生徒が「そんなものを持つ
んじゃない」と声をかけていました。「防災教育で学習して身に付いた知恵
が役立った」とふり返ってそう言いました。

　副校長は、校庭に集まってきた生徒たちや教員らに、点呼はとらなくてよ

図 8.1　釜石東中学校の避難経路
東日本大震災　釜石市証言・記録集
「伝えたい 3.11 の記憶」

図 8.2　「ございしょの里」からさらに高い台に避難
する様子（高村幸男氏撮影）

＊ 1　てんでんこは、各自、めいめいを意味する方言で、地震が発生したら津波から逃れるため、自分の命は自分で守るべく「てんでんこ」で「率先避難」するという標語として使われるようになった。その心理的効果については、第 5 章（p. 37）にも解説。釜石東中学校では一人一人が自分の命を守るためには、とっさに判断をして避難できるよう日頃から家族での話し合いや備えが大切であると指導していた。

いから、率先避難者になって「ございしょの里」へ避難するよう指示を出します。避難するとき、「津波だ！　逃げろ！」と大声をあげながら避難した生徒もいました。この中学生の逃げる姿を見て避難した地域の人もいました。また、避難の途中、近隣の鵜住居保育園の園児や教員たちに遭遇した生徒は、手助けしながら避難を続けました。

「ございしょの里」に避難した後、奥の方の崖が崩れているとの情報があり、第二避難場所となっていた高台の「やまざき機能訓練デイサービスセンター前」へ移動します。このとき、中学生は小学生とともに避難しました。ある中学 2 年生の生徒は、「自分も心細かったが、大丈夫だからと小学生に声をかけ手をつないで上がった」と後に語っています。

高台の「やまざき機能訓練デイサービスセンター前」に到着した直後、津波の襲来が見えたといいます。このとき、ある生徒は、「道路の後方をみると、保育園の先生が 1 人で 3 人くらいの子どもの手を引いて走っていた。それを見て、やばい逃げ遅れると思った。小学校 5 ～ 6 年生が園児をおんぶしたり、だっこしたりしているのを見て、自分もしなければと思った。少し戻って 2 ～ 3 歳の子を抱きかかえ避難した。途中、坂を登れないと思い、友達のお父さんがいたのでお願いした。『助けられる人から助ける人へ』というのを学んでいて、自分もやらなければという思いがあった。そして、『てんでんこ』（☞＊ 1）というのを学んでいたので、この距離だと戻っても大丈夫だと思った」と話します。黒い壁のような津波が襲ってくる状況下、生徒や教員らは、さらに高いところ高いところを目指し必死で昇り、逃げきったといいます。

8.1.2　震災を生き抜いた生徒たちの言葉

間一髪のところ津波から逃げ切ることのできた当時の生徒たちに、震災前に釜石東中学校で学んだ防災教育について、印象に残っている学習内容とその理由を尋ねました。印象に残った理由について述べた言葉（キーワード）を整理していくと、主に次の 6 点が大切であるとわかりました（森本・小川、2017）。

①課題意識（自己関与・興味関心）、②学びの学外・社会への展開、③学習の主体性、④学習経験の反復、⑤自己肯定感、⑥学校・教師の課題意識

①の課題意識では、災害を自分ごとと捉えていること、学習に興味・関心

を持ち課題意識が醸成されたこと、②では、「てんでんこの教えを家族と話し合った」「地域の防災意識の高まりに関わることができた」等、学習が家庭や地域へと展開されたこと、③では、「人のために役立つなど、学習の目標が実感できた」「自分たちでやると考えるので印象に残る」「小学校での学習と連動し、点と点がつながった」等、自分たちが主体的に学習を行ったこと、その他、④の避難訓練などのように学習経験をくり返したこと、⑤の地域からの評価で自己肯定感を高めることができたこと、⑥の先生の熱意が伝わっていたこと等が印象に残った理由として挙げられました。

　そして、「学習経験がつながった」「避難訓練と防災教育が相まって現実味があった」等、防災について学習したことと避難訓練などがつながり教育効果をもたらしたことも明らかになりました。

　ここから、学校での防災教育のカリキュラムに、「課題意識」「学習の主体性」「家庭・地域との関わり」等の学習プロセスを有機的に組み込むことが効果的だったことがわかるでしょう。

8.1.3　地域住民や専門家と協働する意義

　地域住民と協働する意義について、震災を生き抜いた生徒たちの言葉から、次のように整理することができます。
　1．災害を自分ごととして捉える。
　2．課題意識を高め、生徒の主体的な活動を促す。
　3．地域づくりに積極的に関わっていこうとする態度を育成する。
　4．地域住民の防災意識の向上につながる。
　5．生徒たちの自己肯定感、自己効力感を高める。
　1点目は、地域の方々とともに地域の過去の災害や地域の災害リスクを学ぶことで、これは他人ごとではない、災害を自分ごとと捉えることができることです。ある生徒は、フィールドワークでの地域の方の言葉は重みがあったといいます。2点目は、地域の方々とともに地域の災害リスクや課題を把握することで、家族や地域住民、みんなの命を守るためにはどうすればいいかという思いや課題意識の高まりにつながります。自分たちに何ができるかを真剣に考え、生徒の主体的活動につながっていきます。3点目は、地域の方々の協力のもと実際に地域のためにできる活動をすることで、地域に積極的に関わっていこうとする態度が育成されていきます。4点目は、生徒たちが地域のために頑張ってくれているのだから、地域住民も防災の活動に積極的に取り組んでいこうという防災意識の高まりにつながります。5点目は、地域の方々から自分たちの学習や活動に対して感謝の言葉をかけてもらったり、ほめてもらったりすることで、生徒たちの自己肯定感や自己効力感の高まりにつながります。

　震災前、地域防災を考えるある会議で地域の方から、「小学生や中学生がこんなに頑張っているのだから、学校や市役所の取組に協力しよう」という

声があがりました。地域住民との協働による学習は、生徒たちと地域住民の互いの意識の高まりにつながり、相乗効果を生み出していると言えます。元生徒のひとりは、「自分たちの活動が地域の人に役立つ、地域の力になれることが中学生ながらうれしかった。もっと地域のために自分たちができることは何かを考えた」といいます。地域の復興に携わりたいと地元に戻ってきた元生徒たちもいて、自分の体験を子どもたちに伝えていきたいと述べています。

次に専門家と協働する意義です。

1．生徒・教員の課題意識を高める。
2．防災に関する最新の知見を学ぶ。
3．教科学習を深める・広げる。
4．防災教育のカリキュラム化の視点を学ぶ。
5．専門家からの評価を次の学びにつなげる。

1点目は、専門家から防災について学習する必要性を学ぶことです。このことは、生徒たちだけでなく教員も同様です。教師が必要感を持って教えているか、大切なこととして教えているか、生徒たちは教える側の本気度を一番に感じます。2点目は、専門家から、生徒や教員は過去の災害の歴史、災害発生のメカニズム、災害への対処の仕方などの最新の知識や技能を学ぶことができます。3点目は、専門家から防災に関する知見を学ぶことで、既存の理科や社会、保健などの教科の学習を深めたり、広げたりすることができます。4点目は、専門家から防災について学習する際の視点や学習すべき事項を学ぶことで、これらを既存の教科等と結び付けながら防災教育のカリキュラムを作っていくことができます。筆者は、群馬大学片田研究室（当時）と釜石市の同僚教員とともに「釜石市津波防災教育の手引」づくりに取り組みました（☞＊2）。このとき片田教授から「学習する視点」「学習すべき知識」「学習方法」を学び、これらを発達段階や生徒の実態を考慮しながら学習計画や授業展開案をつくっていきました。学んだ知見を授業化し、カリキュラムを作っていくことは、教員の仕事であるという自覚を持つことが大切です。防災の専門家と教育の専門家が協働することで、効果的な防災の授業づくりを行うことができます。5点目の防災教育に取り組んだことについて専門家から評価を受け、次の学習や活動に向けて改善していくことも大切です。

＊2　釜石市津波防災教育の手引
釜石市の小・中学校の先生方と群馬大学片田研究室が作成した。津波防災教育のカリキュラムや授業展開案などが紹介されている。2010年3月、釜石市教育委員会、釜石市消防防災課、群馬大学片田研究室発行。

8.2　地域住民や専門家と協働した釜石東中学校の事例

ここでは、生徒たちが実際の避難でとても役立ったとふり返る震災前の釜石東中学校の防災教育の事例を紹介します。

8.2.1　防災教育の必要性を学ぶ

　2006年1月、群馬大学（当時）の片田敏孝教授を講師として釜石市教育委員会主催の防災教育研修会が開催されました。片田教授から、この地域には必ず津波がくること、そして、子どもや保護者、教員へのアンケート結果から、子どもはどのように避難してよいかわからないこと、家庭や学校での教育は不十分であることが示されました。筆者自身、この研修会に参加して防災教育の必要性を感じました。

　同じ年の4月に、釜石東中学校に赴任し、1学年担当の同僚とともに総合的な学習の時間（以下、「総合学習」）において、この地域の津波の歴史と防災をテーマに設定し、フィールドワークや文化祭での劇や展示の発表、地域への発信などを行いました。オリエンテーションでは、地域で津波の歴史を研究している方（元小学校長）を講師として招いた学習会を行いました。当時、宮城県地震が30年以内に99％の確率で発生すると言われていました。講師の元校長はこれを体感してみようと言って、100本のくじを用意し、生徒たちに順番に引かせました。くじを引いた生徒たちは、次々と当たりくじを引きます。頭でわかっていた99％「30年以内に必ず地震、津波」に当たるということを体感し、地震、津波について勉強しなければならないと、生徒はもちろん教員も強く感じた瞬間でした。今の中学生はこれからの人生で必ずや災害を経験するだろうということをくじで体感させる工夫を、地域で津波を研究している方から学んだのです。

　フィールドワークで地域の方からも学びを得ました。昭和三陸大津波（1933年）を経験した方が、当時の体験談を語った後、いざというとき、真夜中でもすぐに避難できるように、就寝するときには枕元に服を畳んでおいておくことや、玄関では靴をそろえておくことなど、「大事なのは普段の生活」だと話されました。防災教育と聞くと何か特別なことや専門的な学習をしなければならないと思いがちですが、最も大切なことは「普段の生活」であるということを学ぶことができました。

8.2.2　全校防災学習「EAST-レスキュー」

　釜石東中学校は、2009年度から釜石市防災教育事業の連携協力校となり、防災教育を全校体制で本格的に取り組んでいくことになりました。防災教育のねらいを3つ設定しました（森本・土屋、2017）。

ねらい
①「自分の命を自分で守る」〜津波の知識を身に付け、避難できる生徒の育成〜
②「助けられる人から助ける人へ」〜家族・地域社会の一員としての自覚を高め、行動できる生徒の育成〜
③「防災（災害）文化の継承・醸成」〜防災文化の継承者の育成〜

　そして、全校での防災教育の名称を「EAST-レスキュー」（☞*3）とし、総合学習をはじめ、各教科、道徳、修学旅行や宿泊学習等で防災について学

＊3　EAST-レスキュー
「津波について学習し、地域で手助けできる中学生になろう」という願いを込めて、「East-東中生」「Assist-手助け」「Study-学習する」「Tsunam-津波」の頭文字をとり、「EAST-レスキュー」としました。
学習する目的などの意味を込めてタイトルを付けるといいでしょう。

習できることを整理し取り組みました。

　最初に、全校対象の「防災オリエンテーション」を実施しました。地域の津波災害の歴史、地震・津波の発生のメカニズム、津波の特徴、津波から身を守るための判断・行動、地域の言い伝え（津波てんでんこ）などについて、クイズを取り入れながら学習しました。これまでの防災教育の研修会等において、片田教授らから学んだことを学習内容に取り入れました。

　また、それまで別々に避難していた鵜住居小学校と連携して合同で避難訓練を行うこととなりました。避難訓練では、保健委員会がケガ人をリヤカーで避難させる訓練も取り入れました。また、避難場所では、中学生が小学生を整列させるなど、中学生としてできることに取り組みました。地域の自主防災組織の方からも訓練後に講評をいただき、小・中の連携、地域との連携の第一歩となりました。

8.2.3　全校総合学習「防災ボランティースト」

　釜石東中学校では、これまで総合学習において、全校生徒が縦割りのグループを組織し、日頃お世話になっている地域に恩返しを行うという「ボランティースト」（ボランティアとイースト（東）をかけ合わせた生徒会による造語）に取り組んでいました。この「ボランティースト」の学習内容を、2009年度から防災をテーマにして行うこととし、次のようにねらいを設定しました（森本・土屋、2017）。

ねらい

①**防災ボランティアの学習を行うことで、「助けられる人」から「助ける人」への意識を高める。**

②**地域と連携することにより、家庭や地域社会の一員としての自覚を高め、災害時に行動できる生徒を育成する。**

　最初に各学級で兵庫県の高校生の災害ボランティアについて学びました。生徒たちは、災害発生時、発生後において、自分たちはどのような活動を行うことができるかを考えました。そして、生徒や教員が、地域でどのような防災の活動や学習ができるかアイデアを出し合いました。

　地域の方々や市の消防署、地域の消防団をはじめ様々な団体の方々の協力を得て、「炊き出し訓練」「応急手当」など表8.1に示す活動内容を計画しました。これだけ多くの団体と連携できたのは、市役所（防災や福祉の担当部署）の紹介や仲介、地域のリーダーの方々の協力によるところが大きかったです。

　中学3年生のリーダーを中心に、全校生徒が縦割りグループ（1グループあたり20人程度で、11グループをつくる）となり、生徒たちは事前準備を行い、本番を迎えました。活動内容の1つとして、生徒発案の**安否札**を作成し配布しまし

表8.1　防災ボランティーストの主な活動内容

主な活動内容	協力者・協力団体
消火訓練	地域の消防団
救急搬送	釜石消防署
水上救助	日赤釜石支部
応急処置	日赤釜石支部
地域学習（フィールドワーク、自主防災組織の学習、マップ作りなど）	自主防災組織、町内会、地域の方々
炊き出し訓練	日赤釜石支部、地域の旅館
安否札配布	町内会・民生委員
防災頭巾づくり	地域の方々

た。これは、「○○（名前）は、△△（場所）へ避難した」と安否を示すことのできる札のことで、避難時に玄関に貼り付け、家族や安否確認に来た方に知らせるというものです。これを考えた生徒は、地域のために何ができるかを家族と話し合い思いついたといいます。

　生徒たち手作りの「安否札」と、生徒作成の安否札の使い方や防災に関するチラシ、市作成のハザードマップなどを、一人暮らしの高齢者を中心に100軒配布しました。生徒たちは、その地域の自治会や民生委員の方とともに配布しました（☞＊4）。

　防災ボランティースト活動後の感想には、「地震が起こった後、15分ぐらいで津波が来るかもしれないので、自分たちがしっかり避難場所を把握して、逃げる手助けをしたい」「ここは、災害が起こりやすいことを学習した。なのにお年寄りの方々が多いので、災害が起こったら大変なことになると思った。災害発生時には、自ら進んで地域への活動をしたい」などが書かれていました。

　この活動を通して、災害を自分ごととして捉え、地域のために自分たちができることを真剣に考えている様子が伺えました。

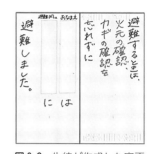

図8.3　生徒が作成した安否札（左：表、右：裏）

＊4　安否札1,000軒配布大作作戦!!
2010年度、「安否札」をもっと地域に広げようと、3年かけて学区の全世帯に配布するプロジェクトが立ち上がりました。2010年度は、全校生徒が地域の方々とともに、「安否札」を1,000軒に配布しました。

8.2.4　1学年総合学習「てんでんこ」

　1学年の総合学習において、単元のテーマを「てんでんこ」とし、全校の防災学習「EAST-レスキュー」と連動させながら計画しました。「てんでんこ」のねらいは、下記のとおりです。特にねらいの①は、先述の地域の専門家（元小学校長）の方から数字を体感するということを学び、災害を経験したことがない生徒たちに少しでも実感させたいという思いから設定しました。

ねらい
①津波について体感する。
②地域を自分たちの足で歩き、津波の歴史や体験談から防災について学ぶ。
③先人たちの教えなど学んだことを多くの人に広める。

　5月に全校防災学習「EAST-レスキュー」のオリエンテーションや小中合同避難訓練を行い、これらの学習や訓練をふまえて、6月に1学年総合学習のオリエンテーションを行いました。そして、グループごとに調査テーマを設定し、質問事項をまとめるなど7月の調査学習に向けて計画を立てました。

　調査学習の前の6月に、「地震の揺れ」と「津波の速さ」を体感する学習を行いました。生徒たちは、全校でのオリエンテーションの学習で、インド洋大津波（2004年）の映像から津波についてのイメージはつかむことができていました。そこでまずは「地震の揺れ」について体感しました。釜石市消防防災課に岩手県の起震車の派遣をお願いし、授業参観日に親子で阪神淡路大震災や関東大震災の揺れを体験しました。そして、自宅の家具固定など

の点検を各家庭で行うようお願いしました。このときの指導について、事前に群馬大学の片田研究室の先生にアドバイスをいただき、生徒たちに自宅で自分が寝ていて大きな揺れがあったとき家具が倒れてこないか、物が落ちてこないかをイメージさせ、必ず自宅で確認するよう話しました。

　次に「津波の速さ」の体感の学習です。生徒たちは、既に津波の速さは、深水と速さの関係から沿岸部では一般的に時速 36 km 程度の速さになるとされていることを学んでいました。そこで、校庭を使って、時速 36 km の自動車と競争することで津波の速さを体感しました。このとき、生徒たちは、ただ走るだけでなくケガをした友人を背負ったり、リヤカーを引いたりするなど、避難する際の様々な形態を考えて実験しました。この実験の末に行き着いた結論は、早く避難行動を開始しなければ、津波に追いつかれてしまうということでした。聞き取り調査で、ある生徒はこの学習で重いスクールザックを背負って走ってみたら体が揺さぶられて走れなかったという体験をして、その後友達同士で「いざというときは、荷物などは持って避難しないようにしないといけない」と話し合っていたといいます。そして、この学習の経験が、実際の津波から避難する際、「ちょっとした知恵として働いた」といいます。

　この体感学習の後の 7 月、今度はグループごとに、地域の津波記念碑の史跡調査や、チリ津波の体験談の聞き取り、市郷土資料館での津波の歴史などの調査学習を行いました（図 8.4、口絵 4）。自分たちの足で地域を歩き、津波について学習することで、自分たちの地域が津波の歴史とともに歩み、そこには人々の災害から生き抜く知恵や、その教訓を後世に伝える先人の思い、さらに地域の方々が津波災害に向き合って生活している様子を肌身で感じることができました。そして、地域の方々から学んだ「津波てんでんこ」の意味を改めて心に刻んでいました。

　調査学習で調べたことのまとめを行い、その後、10 月に調査でわかった「津波の高さ」を体感する学習を行いました。釜石東中学校の学区内で最も津波が高かったのは、両石湾で 1896 年の明治三陸大津波のときの 13.4 m でした。この高さを、校舎を使って計測し、津波の高さのところに赤い矢印で示したところ、校舎 4 階の上にまで達しました。そこに赤い矢印を掲げ、生徒たちは校舎の下からその赤い矢印を見ることで高さを体感しました。隣市の大船渡市綾里地区は、津波の高さが 20 m を超えていたので校舎では高さが足りなかったので、廊下を使って生徒が横になって並びどのくらいの距離になるかを試してみました。

　そして、これまで学習したことをまとめ地域に発信するため、文化祭（10 月末）において展示発表とステージ発表を行いました。ステージ発表は、生徒たちの詩や寸劇、DVD 映像を組み合わせた構成劇として発表を行いました。その中でも DVD 映像は、地域の方々への啓発用として小さな子どもにもわかるように、てんでんこレンジャー（図 8.5、口絵 5）が登場し「てん

図 8.4　地域の方の案内で津波記念碑を調査している様子（森本晋也撮影）

図 8.5　「てんでんこレンジャー」の撮影をしている様子（森本晋也撮影）

でんこの教え」を中学生に伝えていくストーリーとしました。高い所への避難、日頃の備え、家族での確認等基本的な内容を紹介したものです。地元のケーブルテレビの協力で撮影・編集を行い、制作風景や完成したドラマ仕立ての映像はケーブルテレビで何度も放映されました。また、片田研究室の協力でパッケージ付きのDVDとして完成しました。

これら以外にも、地域の教訓を語り継いでいくことの大切さをテーマとした道徳「語り伝えよ」や、「正常化の偏見」「集団同調性バイアス」「率先避難」など「避難しない人の心理」を学級活動で学習しました（**第5章**）。

8.3 自校化で何をすべきかを考える

8.3.1 地域を知る

地域の災害の歴史や地域の災害のリスク、地域の防災上の課題を知ることが大切です。これは学校の防災管理の面においても重要なことです（**第1・3章**）。まずは地域のハザードマップや地域で啓発用に作成されている資料等から地域の災害リスクについて把握するのがよいでしょう。また、郷土資料館や博物館等でも過去の災害について調べるのも役立ちます。そして、地域の社会的・経済的特性などをふまえ、地域の課題を把握しておくことが大切です。

次に地域ではどういった方々がどんな取組をしているのかについて知ることが重要です。自治体の防災担当部局や教育委員会に紹介してもらったり、学校運営協議会や地域の町内会長らに紹介してもらったりするのもいいでしょう。そうするとそれぞれの地域で核となって防災の活動に取り組んでいる方々がわかってきます。地域で核になっている方に相談すると、その方がさらに色々な方を紹介してくれるはずです。

さらに専門家については、大学の研究者をはじめ国土交通省や地方気象台などの防災に関係する機関の方や、地域で活動する消防署や日本赤十字社の支部、NPO、元自衛隊員の方、そして災害を調べている郷土史家など、色々な分野の方々がいます。関係機関であればどのような出前講座をしているか等、関係機関のホームページに掲載されています。また、学校が所在する地域と関わっている大学等の防災研究者であれば、自治体や教育委員会、先述の地域で核となる方々ともつながっているでしょうから、紹介してもらうのもよいでしょう。地域の「ひと」「もの」「こと」を知ることが大事です。

8.3.2 地域住民や専門家との協働を活かす

読者の皆さんのなかには、ゲストティーチャーを招いての学習でうまくいかなった経験はないですか？筆者自身は何度も経験があります。こちらが話してほしかった内容についてあまり触れてもらえなかったり、中には戦争体験者の方に体験談の講話をお願いしたのですが、大勢の前で話すのが慣れて

いなくて、終始戦争と全く関係のない話で終わってしまったりしたケースもあります。そこで、地域住民や専門家と協働するポイントを5点挙げます。

　　1．事前に地域住民や専門家と十分に打ち合わせを行う。
　　2．事前の学習や活動の準備を行う。
　　3．担当教員と地域住民や専門家と協働で授業を行う。
　　4．地域住民や専門家の方に、複数回関わってもらう。
　　5．学習や活動を地域に展開する、学習成果を地域に発信する。

　1点目は、最も大切な事前の打ち合わせです。学校の防災教育の目的やねらいを十分理解してもらうことや、学校としての希望と専門家ができることを十分にすり合わせておくことが重要です。事前の打ち合わせで、教員が地域住民や専門家の持っている考えや思い、知見を知ることで、本番でそのことを引き出すこともできるでしょう。

　2点目は、生徒たちの準備です。先述の「EAST-レスキュー」では、中学3年生のリーダーが事前に関係団体の方々に連絡をとって、自分たちが事前に準備しておくとよいことや練習しておいた方がよいことを確認して、色々なものを準備してから本番を迎えました。防災の講演をしてもらうときには、事前に生徒たちが学習して質問を考えておくのもよいでしょう。

　3点目は、出前授業やゲストティーチャーとして、地域住民や専門家に防災の授業をお願いするとき、授業のすべてを任せてしまうのではなく、必ず教員が授業に関わることが大切です。できれば、地域住民や専門家と教員がティーム・ティーチングで授業を進めることが望ましいです。

　4点目は、地域住民や専門家に、単発ではなく複数回関わってもらうことです。フィールドワークでお世話になった地域住民の方々には、まとめの発表の際に成果をみてもらい講評をもらう。講義を受けた専門家には、その後、取り組んだことを伝えたり、新たな疑問を質問するのもよいでしょう。

　5点目は、地域でマップ作りや調査学習、防災ボランティアの活動を行うなど、生徒たちが地域に出て地域住民の方々と協働した活動を行うことです。そして、学習した成果を地域に発信し、交流することが大切です。こうした交流を通じて生徒たちは地域から評価を得ることで、達成感や自己肯定感、自己効力感が高まり、地域の防災活動に積極的に関わっていこうという態度の育成につながります。また、地域住民の側も地域の宝である子どもたちのために頑張ろうという気持ちが高まります。地域住民との協働による防災授業が、地域への愛着を育み地域の防災力の向上にもつながっていくことでしょう。
　　　　　　　　　　　　　　　　　　　　　　　　　　〔森本晋也〕

学習ドリル 職員会議などで、この章の内容をふまえ議論してみましょう

① 地域の災害の歴史や地域の災害リスクを把握していますか？

② 地域の災害リスクや地域の実情、子どもたちの実態をふまえて、自校でどのような防災学習が必要か考えましょう。

③ 地域で防災の学習に協力してくれる方々を知っていますか？

④ どのような専門家と協働して防災の学習を行いたいですか？

⑤ 地域住民や専門家と協働した単元計画や年間指導計画を考えましょう。

コラム 専門家とTTで授業を行う

関係機関等から防災の専門家を派遣してもらう出前授業の機会は増えています。授業を専門家にすべてをお願いするのではなく、ティーム・ティーチング（TT）で授業を行うことが大切です。写真の授業では、中学校の防災の授業に、岩手大学からゲストに招いたときの様子です。ゲスト講師に、この授業が一連の防災学習でどのような意味があるのかを伝え、教員が、学習課題の設定や生徒への質問や感想を行い、専門家が解説しました。他にも事前に生徒たちが質問を考えおき、生徒の質問を中心に授業を進める方法もあります。

図8.6 東日本大震災のアーカイブ（☞＊5）を活用したTTの授業の様子［岩手県・陸前高田市立高田第一中学校］（岩手県提供）

＊5 災害に関するデジタルアーカイブ

授業では、「いわて震災津波アーカイブ〜希望〜」を活用しました。国立国会図書館の「東日本大震災アーカイブ〜ひなぎく〜」をはじめ、災害に関する様々なデジタルアーカイブが作られています。教材として活用することができます。

参考文献

1) 片田敏孝（2012）『命を守る教育』，PHP
2) 森本晋也・小川和久（2017）「生徒の主体的学習にもとづく学校防災教育カリキュラムについて」，日本安全教育学会第18回岡山大会予稿集
3) 森本晋也・土屋直人（2017）「震災を生き抜いた子どもたちが学んだ津波の歴史と防災」，岩手大学大学院教育学研究科研究年報第一巻

第9章

語り継ぎと当事者性・市民性を育む防災教育
―災害と防災を「自分に関係のあること」として捉えるために―

学習のポイント

❶ 災害体験を語り継ぐ意味を考え、理解する。

❷ 災害から身を守るために必要な知識と行動を教える方法を考える。

❸ 災害時には日常の力が試されること、日常をゆたかに生きる力が災害と向き合う基本であることを理解する。

9.1　総　　説

　災害を**我がこと**と捉える姿勢が大切だとよく指摘されます。しかし、「『我がこと』感を持て」といくら説いても、具体的な方法を示さなければ単なるスローガンの連呼に終わってしまいます。そこで本章では子どもたちの「我がこと」感を高める方法を紹介します。特に、災害体験の**語り継ぎ**にスポットを当て、その意味と防災教育での活用方法を具体的に解説します。本書の締めくくりとして、読者の皆さんに防災教育の実践の多様性や奥深さ、教育のなかに防災を位置付ける可能性について実感いただけたらと思います。

9.1.1　防災教育の「我がこと」感

　どうすれば私たちは災害や防災に対して「我がこと」感を持てるのでしょうか。

　災害は怖いものだと**脅しの防災教育**を一方的に押し付けても、子どもたちは興味を示してくれません。だから、地震、大雨、火山噴火などの**自然の脅威**だけではなく、私たちが受ける**自然の恩恵**も合わせて学ばせる必要があると言われています（☞＊1）。

　例えば、社会科の授業で「地域の産業」について学ばせるとしましょう。水はけのよい扇状地に広がるぶどう畑は、その地域の自然の恩恵を活かした地場産業です。扇状地は、山間部から大量の土砂を運搬してきた河川が、平野部に出たときにその土砂を放出して形成されます。つまり、土石流や洪水と縁があります。こう考えると、地域の産業の学習を通して、自然の恩恵と災害が関わる授業が可能になります。

　このように、自然の驚異である災害と豊かな恩恵の両方を取り入れた授業が、子どもたちの心に災害を「我がこと」と捉える姿勢を育むのではないでしょうか。

　子どもたちに「我がこと」感を持たせる別の方法を考えてみましょう。

＊1　例えば、津波の危険がある地域では津波の恐ろしさと迅速な避難の大切さを教える防災教育が一般的です。それに加えて**自然の恩恵を学ばせる防災教育**では、海が私たちに与えてくれるめぐみも学ばせます。子どもたちにワカメの苗付けや帆立貝の養殖体験に取り組ませて、自然と一緒に暮らしていく意味を実感させるのです。

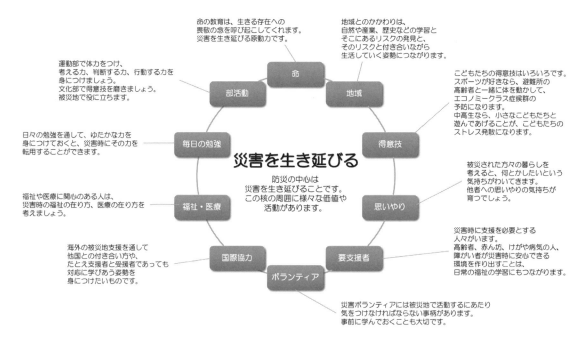

命の教育は、生きる存在への
畏敬の念を呼び起こしてくれます。
災害を生き延びる原動力です。

地域とのかかわりは、
自然や産業、歴史などの学習と
そこにあるリスクの発見と、
そのリスクと付き合いながら
生活していく姿勢につながります。

運動部で体力をつけ、
考える力、判断する力、行動する力を
身につけましょう。
文化部で得意技を磨きましょう。
被災地で役に立ちます。

こどもたちの得意技はいろいろです。
スポーツが好きなら、避難所の
高齢者と一緒に体を動かして、
エコノミークラス症候群の
予防になります。
中高生なら、小さなこどもたちと
遊んであげることが、こどもたちの
ストレス発散になります。

日々の勉強を通して、ゆたかな力を
身につけておくと、災害時にその力を
転用することができます。

被災された方々の暮らしを
考えると、何とかしたいという
気持ちがわいてきます。
他者への思いやりの気持ちが
育つでしょう。

福祉や医療に関心のある人は、
災害時の福祉の在り方、医療の在り方を
考えましょう。

災害時に支援を必要とする
人々がいます。
高齢者、赤ん坊、けがや病気の人、
障がい者が災害時に安心できる
環境を作り出すことは、
日常の福祉の学習にもつながります。

海外の被災地支援を通して
他国との付き合い方や、
たとえ支援者と受援者であっても
対応に学びあう姿勢を
身につけたいものです。

災害ボランティアには被災地で活動するにあたり
気をつけなければならない事柄があります。
事前に学んでおくことも大切です。

図9.1　防災教育の広がり

　最初に、**防災教育で最低限必要とさせる中心的要素**――ミニマム・エッセンシャルズ――を考えます。これは命を守るための術を教える教育です。「災害を引き起こす**自然現象の理解**」とその「**災害への備え**」、そして「**災害発生時の対応**」という3つの柱でできています。

　広い意味での防災教育では、このミニマム・エッセンシャルズが多様な分野と繋がっていきます。図9.1は災害を生き延びるための防災教育がどのように広がっていくかを示しています。子どもたちは誰もがみんな同じ分野に興味を持っているとは限りません。算数が好きな子どももいれば社会を得意とする子どももいます。本を読んだり絵を描いたりして過ごす子どももいれば、外に出て体を動かすのが好きな子どももいます。子どもたちが関心を持っている分野と防災をつなげば、防災を「我がこと」に近づけることができるのではないでしょうか。

　面白い授業を1つ紹介します。**夢と防災**という授業です。

　子どもたちは、将来は先生になりたい、パイロットになりたい、サッカー選手、看護師……など、色々な夢を持っています。

　夢は、子どもたちのすぐ近くにあります。一方、災害はできれば自分から一番遠いところにあってほしいものです。夢と災害はつながるでしょうか。

　ある小学生の女の子と話をしたことがあります。彼女の夢はパティシエになることです。震災の話をした後で筆者は彼女に聞きました。「パティシエは災害時に役に立ちますか？」

　地震によって破壊された建物や鉄道、大火災で焼け落ちた街の写真を見た後です。彼女は自信なさそうに、「役に立たないと思う」と答えました。

そこで、避難所の食事の話をしました。「朝はおにぎり二つ、昼はカップ麺、夜は弁当。でもその弁当は油物が多くて、冷めているのでちっとも美味しくない。そんな食事が1週間、2週間と続いていく。そこにあなたが作ったスイーツが届いたら、みんなどう思うかな？」

その女の子の顔が輝きました。自分の夢は、災害時にも誰かの役に立つと気付いた瞬間です。夢を通して災害を身近に感じる、このような授業づくりから、子どもたちに災害への「我がこと」感を持ってもらえるはずです。

9.1.2 「社会的な意味を持つ語り」と「個人的な意味を持つ語り」

学校の防災教育では、外部講師を招いて話を聞かせる形式がよくとられます。講師は救出・救助に当たった消防隊員や自衛隊員、避難所を運営した教師や行政職員、支援活動を行ったNPOや福祉・医療関係者、ボランティア、マスコミ、そして家族や財産を失った被災者の皆さんです。

語り部は災害時の失敗や成功の事例を教えてくれます。**聞き手**はそれらの体験や教訓から備えの大切さを理解し、実行することを期待されています。もし、多くの聞き手が災害に備えれば、その行動は必ず**社会の防災力**の向上につながるわけです。この語りを**社会的な意味を持つ語り**と呼ぶこととしましょう（☞＊2）。

ところが、語り部の体験談にはもう一つ、亡くなった方の生き方や最期の様子、残された遺族の心の痛みといった災害の悲劇や、被災地での助け合い、遠くから届く人々の心優しい支援などをテーマにした語りがあります。

阪神・淡路大震災で小学生の娘を亡くした女性は、それから語り部として小学校に訪問し続けて、亡くなった娘と同世代の子どもたちにこう語りかけてきたそうです。「娘には夢があった。好きなことややりたいこともあった。それが震災で一瞬にしてできなくなった。震災で亡くなった娘がかわいそうだ。」

語り部を10年ほど続けた頃、彼女はふと、自分の気持ちが変わっているのに気付いたそうです。「私が語りたかったのは、『震災で亡くなった娘がかわいそうだ』ではなく、『震災で娘を亡くした私がかわいそうだ』ということだと気づいたんです。」

この話には災害への備えやそのときの対応は含まれていません。「社会的な意味を持つ語り」とは言えないでしょう。しかし、聞き手の心に**戸惑い**が生まれます。その戸惑いが聞き手を防災へと向き合わせるのです。

筆者はこの語りを**個人的な意味を持つ語り**と呼んでいます。

「社会的な意味を持つ語り」も「個人的な意味を持つ語り」も多くの場合は**未災地**に住む**未災者**に向けて発せられます（☞＊3）。聞き手である未災者は、自分の心を揺さぶった語りを防災の学びの原動力にしていくのではないでしょうか。

＊2　社会的な意味を持つ語りと個人的な意味を持つ語りについては『災害と厄災の記憶を伝える』（山名・矢野、2017）で詳しく紹介しています。

＊3　未災者、未災地
被災の一歩手前にいる人々やその地域を表現する言葉です。東洋医学の未病にヒントを得て筆者が造った表現です。
被災地以外は被災しない地域と捉えるのではなく、どの地域も次の被災の一歩手前だということを理解してほしいと思って造りました。

9.1.3 「Survivor_{サバイバー}となるための防災教育」「Supporter_{サポーター}となるための防災教育」「市民力を育む防災教育」

　図9.2は、災害時の人々の行動を被災地と未災地に分けて分類したものです。被災地では人々は命を守る行動をとります。そして命が助かるとすぐに、周囲の人の救出や救助、支援活動を始めます。支援活動は被災地の外（未災地）からもやってきます。**災害ボランティア**と呼ばれる人々です。ボランティアとは自発的に活動を始める人のことを指します。被災地外からやってきた人だけが災害ボランティアではありません。被災地で、被災程度の大きな人を支援する被災程度の小さな人も災害ボランティアです。被災地での活動だけが支援というわけではありません。遠くから必要な物資を送ったり募金したりするのも支援の1つです。

　多くの被災地では、被災者は「まさか自分たちが被災するなんて…」と漏らします。自分が災害に巻き込まれるのは想定外だったのです。被災前はそういった地域では防災への意識は高くありませんでした。しかし、力を合わせて災害に立ち向かい、立ち上がって街を復興させていきます。その原動力はどこから来るのでしょうか。

　答えは、一人ひとりが持つ**日常の力**を災害対応、復旧・復興に転用したからです。

　避難所運営は、災害対策基本法に基づき作られた**地域防災計画**によると市町村の**自治体職員**が行うと定められています。しかし、最近では、被災直後は自治体職員に頼ることは難しいとの考えもあって、避難所運営は、避難した住民を含めた地域の**自主防災組織**や支援の**災害ボランティア**、その**施設の**

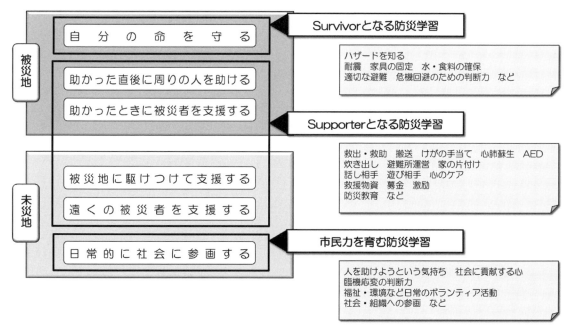

図9.2 災害時の人々の行動をもとにした3つの防災教育

管理者などが連携して当たることが期待されています。そしてほとんどの学校が避難所に指定されているため、必然的に**教師**が運営にあたる場合が多くなります（**第1章**）。

では、必ずしも避難所運営の訓練を受けていない教師が避難所運営を担えるのはなぜでしょうか。教師は、一覧表を作ったり、ルールを決めたり、それをわかりやすいポスターにして貼り出したり、あるいは食事を受け取る人々の列を整えたりといった仕事 —— 避難所運営に必要な仕事 —— が得意です。日頃の学校での仕事を通じて、日常的にそのような避難所運営に役立つ経験や技能が蓄積されているからです。

つまり、日常の生き方、暮らし方が災害時の支援に関係しているのです。日常を豊かに生きる力を育む（**市民力を育む**）教育が、災害時を生き抜いていく力を育てていきます。

9.2 大災害と語り継ぎの実践から

語り部のほとんどが大人なのはなぜでしょうか。おそらく、大人の被災者の中には自分の体験をうまく整理できる人々がいるのでしょう。伝えておかなければ、という意識を強く持っている人も多いはずです。退職した人々は時間的ゆとりを持っています。だから、多くの被災地では、高齢の語り部たちが災害体験を風化させないために伝え続けています。

しかし災害を体験したのは大人だけではありません。子どもたちも災害に巻き込まれています。だから、災害体験の語り継ぎには、子どもたちが災害をどう受け止めて（ときには受け止められずに）、どう過ごしてきたかを知る作業も含められなければなりません。

東日本大震災を経て、語りに関わる人々の質が変化してきました。子どもや若者も語っていいんだという**気付き**が生まれ、**子どもや若者が語り合う場**が作られています（☞＊4）。以下では、子どもたちの体験を語り続けていく活動の意味を考えます。

9.2.1 阪神・淡路大震災と子どもたち

神戸市にある兵庫県立舞子高等学校**環境防災科**（☞＊5）は、防災を専門とする全国で初めて開設された専門学科です。先例がなくすべての専門科目を当時の教師が手作りしました。校外学習や課題解決学習、グループ学習、国際交流などの多様な教育活動のひとつに外部講師の授業があります。

2002年の発足当時、受動的に大人の体験を聞いていた生徒たちは、実は被災者でした。1期生は小学校2年生で震災を体験しています。そんな生徒たちが自分の体験を能動的に書き残した作文集が「**語り継ぐ**」（☞＊6）です。

「語り継ぐ」を読むと、子どもがどんな視点で災害と向き合っていたかがよくわかります。防災教育実践者だけではなく、防災に関わるすべての人々

＊4　若者の語り部
例えば、岩手県釜石市は、自治体が公認する「**大震災かまいしの伝承者**」という取組を始めました。語り部の中には若者も少なくありません。

＊5　舞子高校環境防災科
阪神・淡路大震災の教訓を中心に防災を専門に学ばせるユニークな学科です。震災から7年経った2002年にスタートしました。専門の防災の学習が全体のほぼ1/3で、残りの2/3程度は普通科目を学習します。

＊6　「語り継ぐ」について
は舞子高校ホームページをご覧ください（URLは参考文献12)を参照のこと。以下同様）。
（2020年5月確認）

図9.3　「語り継ぐ」アンソロジー
「ユース震災語り部『私の語り』」

が、災害と向き合っている子どもの気持ちを共有することが、子どもを守る防災の創造につながることに気付くのではないでしょうか。

　「語り継ぐ」の活動は、大人の体験を聞く授業だけでは何か足りないという違和感を持ったことがきっかけです。1995年1月17日、阪神・淡路地域にいたすべての人々が震災を体験しました。もし、大人の体験だけが語り継がれるとしたら、つまり、子どもたちの体験が無視されるとしたら、赤ん坊から高齢者まで連続するはずの震災体験の鎖に欠落が生じます。**災害体験の「ミッシング・リング」**です。「語り継ぐ」を書き上げる作業の目的は、すべての世代の災害体験を社会で共有するためにその失われたリングを埋めることにありました。

　「語り継ぐ」は膨大な量の作文集です。教材化する目的で1人の教師がすべてを読み込むのはほぼ不可能でしょう。そこで、舞子高校環境防災科の卒業生有志が集まって、すべての文章を読み直して、アンソロジー**「語り継ぐ 子どもが体験した阪神・淡路大震災」**にまとめました（☞**＊7**）。このアンソロジーの編者らはその目的を「子どもがどのように震災を生きたのかを伝え、もう一度、阪神・淡路大震災を見直し、次世代へ語り継いでいく一助になればと願っている」と説明しています。

＊7　アンソロジーは**防災・減災活動推進団体 with** が作成しました（文献11））。
（2020年5月確認）

　このような体験談を国語の時間などを使って子どもたちに読ませて考えさせる授業は、防災教育そのものです。そして、教師の仕事は子どもの心に届く文章を探し出すことです。

　阪神・淡路大震災から13年経った2008年、阪神・淡路大震災記念人と防災未来センターと兵庫県立舞子高等学校が主催し、読売テレビの共催で**「ユース震災語り部」**（☞**＊8**）というイベントを行いました。震災当時の子どもが若者世代になって、震災と震災に関連する出来事をふり返って語り、その内容を短くまとめDVDで配布しました。27人の若者が1人30分にわたって語った内容を5分ずつにまとめた作業は、「語り継ぐ」をアンソロジー化したとりくみと重なります。

＊8　**ユース震災語り部**の応募チラシを以下のURLで見ることができます。目的などがわかりやすく紹介されています（文献10））。
（2020年5月確認）

　「語り継ぐ」と「ユース震災語り部」はどちらも子どもたちの体験を記録し、伝える実践です。被災地の教師たちは、子どもたちも災害と向き合っているのだという事実を決して忘れないで、子どもたちの体験を防災・減災の中心にしていく努力をしなければなりません。

9.2.2　東日本大震災、熊本地震と子どもたち

　阪神・淡路大震災では語り部のほとんどが大人でした。あれから25年以上経ち、東日本大震災以降の語り継ぎの活動では、若者が主役となる新しい動きが生まれてきました。

　岩手県の釜石市立釜石東中学校は、震災前から防災教育に熱心に取り組んでいました（**第8章**）。同校がある鵜住居地区は想定を超える大津波に襲わ

れましたが、中学生と隣りの鵜住居小学校の子どもたちは、高台へと走って避難しました。そのときの避難行動については、内閣府防災情報のページの「特集　東日本大震災から学ぶ　〜いかに生き延びたか〜」（☞＊9）で、生徒たちの発表が詳しく紹介されています。

同校の卒業生の中には、海外や国内で開かれたシンポジウムで体験を語ったり、災害伝承館で体験を伝えたりしている若者たちがいます。

宮城県の旧・石巻市立大川小学校で起こった事実を伝え続ける「**大川伝承の会**」（☞＊10）には、当時中学生だった若者も所属していて、亡くなった家族のことや大川小学校の震災前の日常を伝えています。

「**16歳の語り部**」という本があります。震災当時小学校5年生だった3人が、九死に一生を得た津波の体験や亡くなっていった人々、失った自宅とペット、クラスでの友だちとの関係の変化等を、飾らない言葉で綴っています。彼ら、彼女らはシンポジウムなどでも自分の体験を伝えています。

2016年4月に発生した熊本地震から2年経った2018年の夏と冬に「**ユース熊本地震を『語り継ぐ』会**」（☞＊11）が行われました。

震災から2年待って開催したのには理由があります。心のケアの専門家の間では、災害直後に自分の体験を語ったり文章化したりする作業は危険だと言われています。ある程度の時間の流れの中で、十分なケアを実施しながら、子どもたちが安心できる雰囲気の中で信頼を置ける人といっしょに体験をふり返る環境を整えていくのに2年かかりました。

被災地では、防災教育を行おうとすると、地震を思い出して怖がったり、体調不良を訴えたりする子どもがいます。そんな子どもたちのケアを丁寧に行う心のケアと命を守る防災教育は一体的に行われる必要があります。

被災地の教育支援の中で1つの成果物が生まれました。絵本『**しまうまのトラウマ**』（☞＊12）です。ライオンに襲われたしまうまの少年の恐怖体験と両親のしまうまを含む周囲のしまうまたちからの支援が描かれています。様々な支援の成否を通して、子どもたちが災害時の心の変化の意味を知るだけでなく、支援者たちが災害時の心理支援の基本を学べる内容です。

9.2.3　心のケアと一体的に進める防災教育

防災教育では必ず災害に言及します。被災地では子どもたちが被災を思い出して心身の不調を訴えることがあります。未災地でも、悲惨な映像を見せると子どもたちが辛い気持ちになったり、災害を必要以上に恐れてしまったりするので注意が必要です。

災害を取り上げる場合は、災害時の心の変化と対応策も教えます。災害時の心の反応は3つあると言われています。**トラウマ反応、喪失反応、継続するストレス反応**（☞＊13）です。

このような反応が起こる理由と対応を知り、さらに、「自分は弱くてダメな存在」だと考えるのではなく、これらは**誰にでも起こる反応**だと理解させ

＊9　釜石東中学校の生徒たちの被災体験の発表は内閣府防災情報のページで詳しく報告されています（文献9)）。
(2020年5月確認)

＊10　大川伝承の会はfacebookで情報を発信しています（文献7)）。

＊11　「熊本地震を語りつぐ」プロジェクト実行委員会が中心となり、被災地の学校などを支援し続けてきたNPOさくらネットが事務局を務めました。被災地の小中高校生が合宿で自分たちの体験を語り合い、神戸の高校生、大学生も参加して被災者と未災者の交流を進めた。

＊12　『しまうまのトラウマ』はNPOさくらネットのホームページでダウンロードできます（文献8)）。
(2020年5月確認)

＊13　トラウマ反応は災害そのものへの恐怖が引き起こします。大地震を体験してその後の小さな余震を怖がる、洪水を経験した後は雨が怖い、津波の後からは海に近づけない、などがその例です。
喪失反応は大切な人や財産、物を失った時の反応です。
継続するストレス反応は災害後の不便な生活がストレスとなって引き起こされる反応です。

災害時の三つの反応と教職員、支援者の在り方

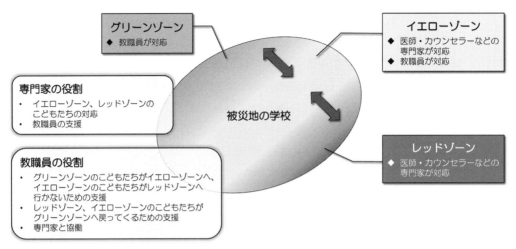

図9.4　心のケアと学校・教師・専門家の役割
原作：高橋哲（筆者が簡略化）

る必要があります。そのうえで、災害を引き起こす自然現象を理解し、適切
に備え、災害発生時に正しい判断で身を守る方法を学んでおけば、災害は恐
ろしいものではないと子どもたちに教えましょう。これが、**心のケアと一体
的に進める防災教育**です。

　心のケアを行うのは心理士やスクールカウンセラー、医師のような専門家
であって、教師の仕事はケアの必要な子どもを専門家につなぐことだと考え
ている人が多いかもしれません。しかし、図9.4（口絵6も参照のこと）が
示すように、教師は日常的に子どもたちに接しています。ゆえに、学校で日
常的に子どもたちが安全感・安心感を持てる環境を作り出し、寄り添ってサ
ポートしていくという発想が大切です（**第5章**）。

9.3　自校園でできること

　最後に、災害体験の語りを防災教育に取り入れる方法を解説します。防災
教育をまだ取り入れていない学校や、行っているものの決して十分とはいえ
ない学校において、これからどのような実践を展開すればいいか、事例を交
えて解説します。

9.3.1　「語り」を授業に取り入れる

　「語る」という動詞の主語は「人」です。教育委員会の防災教育担当部局
に依頼するとその「人」を紹介してくれるはずです。あるいは近隣の学校に
問い合わせれば、これまでに講師をしてくれた「人」を紹介してくれるかも
しれません。ネットで検索する方法もあります。

　しかし、災害体験を雄弁に語ってくれるのは「人」だけではありません。

映像、本、作文、絵本など、他の媒体も災害体験をリアルに伝えてくれます。防災の授業を設計する際、そのような教材の活用も視野に入れておきましょう。

一番よく使われるスタイルは語り部の講話でしょう。子どもたちが体育館に集まって語り部の話を聞き、教室に帰って感想文を書きます。

子どもたちの反応で共通するのは、「**もし私なら**」という思考です。

阪神・淡路大震災のとき、ある病院は患者の飲料水に困っていました。看護師が水を求めて、がれきとなった街に出かけていきました。もちろん、誰も水を分けてくれません。そのとき乳飲み子を抱えた 1 人の母親が、水の入ったペットボトルを 1 本差し出して患者に使ってほしいと言ったそうです。

この話を看護師から聞いた子どもたちの作文には、「**もし私が**お母さんなら、水を渡せないと思う」「**もし私が**看護師だったら、水を受け取れない」といった表現がたくさんありました。子どもたちは、語り部の語る過去の現実に現在の自分を重ねて、「我がこと」として考えたのです。

災害体験を持たない教師は、どうしても外部講師に頼りがちです。しかし、少し考えてみましょう。「**語り継ぐ**」という表現は、ある体験者の「**語り**」を聞いて、その話を次の人へ「**継ぐ**」と読み取れます。

災害体験がない人は災害を語ることを躊躇しがちです。しかし、誰かの語りを聞いて、あるいは読んで、その体験談を自分の感想と一緒に次の誰かに伝えればいいのです。被災体験は災害体験の有無にかかわらず、誰にでも語り継げるものなのです。**井伏鱒二**の『黒い雨』はまさにその代表例です（☞***14**）。

防災の授業に災害体験を取り入れるとき、自分が聞いたり読んだりした話を、自分の感想と一緒に子どもたちに話してみませんか。

9.3.2　語りを活かした授業を教科で提案

防災の授業をデザインするとき、災害体験をどのように取り入れればいいでしょうか。ここでは防災講演会といった特別な場面ではなく、日常の授業の場面で考えてみましょう。教科での防災教育の一例を右（☞***15**）に示しました。アイデア次第で面白い授業が可能です。

防災教育と聞いて最初に教師の頭に浮かぶのは、災害から命を守るための方法です。そのためには、防災教育のミニマム・エッセンシャルズを正しく教えなければなりません。ただ、知識の量と行動が比例するとは限りません。知識をどう行動に結び付けるかが、防災教育の難しいところなのです。

子どもたちの行動を引き出すには、ときには正解のない課題を与え、深く考えさせることも大切です。そこでの悩みや戸惑いが、行動への原動力となり、学習の過程で痛感した知識の不足を補うために、より多くの正確な知識を得ようとする意識が高まっていくのです。

*14　未災者でも語り継ぐことは可能です。例えば、『黒い雨』は原爆文学の最高峰と称されています。しかし、作者の井伏鱒二は、広島の原爆を直接体験したわけではありません。体験者の重松静馬が書いた『**重松日記**』を読んで心を動かされ、書簡をやり取りしながら、『黒い雨』を書き上げたのです。この逸話は、直接体験者ではなくても語れるという事実を私たちに教えてくれます。

*15　教科での防災教育の例
【国語】災害体験を読み、そこにある判断や意見がぶつかる部分を取り上げ、話し合わせましょう。また、物語の登場人物がある行動をとったとき、何がその人にそうさせたのかを考えさせ、話し合わせましょう。
【図工】災害体験を聞かせ、心に浮かぶ風景を絵で表現させましょう。
【理科】地震のメカニズムの単元では、実際の地震災害の社会的側面も学ばせ、自然現象が、例えば、備えができていないときや自然現象のインパクトが強烈なとき、社会に大きな被害を与えるという事実もイメージさせましょう。

9.3.3　体験を活かしたワークショップ

＊16　クロスロード
Team Crossroad　チームクロスロード（網代剛・ゲームクリエーター、吉川肇子・慶応大学、矢守克也・京都大学）が制作しました。京都大学生活協同組合で購入できます。

　災害体験を取り入れたワークショップに**クロスロード**があります（☞＊16）。阪神・淡路大震災で災害対応に当たった神戸市職員への聞き取り調査から見えてきた**災害時のジレンマ**への対応を Yes か No かで判断するカードゲームです。例えば「3,000 人いる避難所で 2,000 食を確保した。配るか配らないか」のような場面が与えられ、プレーヤーが即座に Yes か No かを答え、意見を交流します。

　このゲームは、自治体や自主防災組織、防災士の研修を始め、中学生、高校生、大学生の防災学習にも広く取り入れられています。優れた研修ツールなので時間を取ってこのゲームをするだけで大きな成果が得られます。しかし、防災の授業時間の確保が難しい学校では、ゲームの実施だけで防災の授業が完結してしまう場合がよくあります。せっかくゲームで学習者の意識を高めているのに、そこからの広がりがないのです。ゲームを数コマの防災授業の中に位置付けて、その前後に他の防災学習を組み合わせる方法に挑戦してみませんか。

　さて、クロスロードの特徴である「正解」がないという点を真似て、筆者が考案したワークショップを最後に紹介します。**「困りごと、どうしよう？」**という話し合いによる学習ツールです。被災者としての災害対応だけではなく、災害ボランティアのような支援者の立場でも行えます。

　グループは 5 人編成が一番意見を出しやすく、白熱しやすいでしょう。個人の尺度を基にグループの尺度を決めるときは、多数決とじゃんけんでの決定は禁止します。あくまでも話し合いベースで決定するように促します。

　実際のグループでの話し合いを観察していると、自然に仕切り役が生まれ、そのリーダーシップのもと話し合いが進んでいくのがわかります。主張と受け入れ、修正や妥協の連続です。自分の考えを相手に理解してもらったり、相手を説得したりする過程は、裏返せば、相手の考えを理解し、相手の主張をしっかりと聞く活動でもあります。この過程は表現活動そのものです。

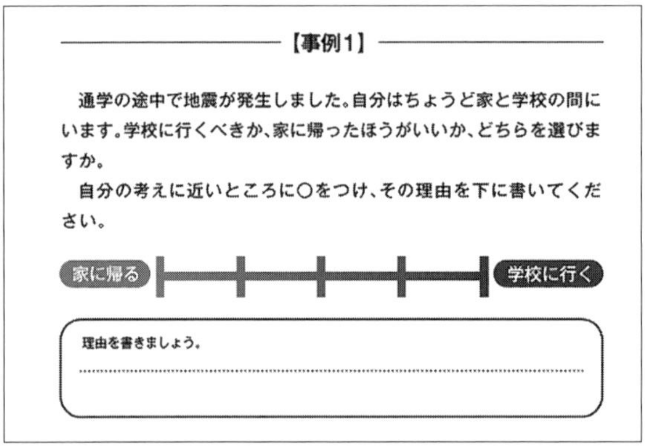

──────── **【事例1】** ────────

　通学の途中で地震が発生しました。自分はちょうど家と学校の間にいます。学校に行くべきか、家に帰ったほうがいいか、どちらを選びますか。
　自分の考えに近いところに〇をつけ、その理由を下に書いてください。

家に帰る ┣━┿━┿━┿━┫ 学校に行く

理由を書きましょう.
　　　　　　　　　　　　　　　　　　　

1．正解のない課題と 2 種類の解決方法を 5 段階尺度で与える。
2．自分の考えが 5 段階尺度のどのあたりにあるかを記入させる。
3．その理由を書かせる。
4．グループで話し合わせて、グループの合意を 5 段階尺度に記入させる。理由も話し合わせる。
5．グループの判断とその理由を発表させ、全体で共有させる。

図 9.5　「困りごと，どうしよう？」

このワークショップで使う「困りごと」は実際の災害の報告書や記録集、体験記、テレビ番組、新聞記事などから探します。災害体験をうまくワークショップに取り入れて、子どもたちにリアルで「我がこと」感のある学習体験を積ませましょう。〔諏訪清二〕

学習ドリル 職員会議などで、この章の内容をふまえ議論してみましょう

① すべての教科で防災教育を行うと仮定します。どんな授業ができるでしょうか。

② 「社会的な意味を持つ語り」の具体例とその活用方法を考えましょう。

③ 「個人的な意味を持つ語り」の具体例とその活用方法を考えましょう。

④ 災害体験の語りを取り入れた授業の指導案を考えましょう。

⑤ 「困りごと、どうしよう？」で使う災害時の困りごとを、実際の災害体験の報告書などを基に考えてみましょう。

コラム 子どもの感性に驚く

5時46分の激しい揺れ。幼園児の女の子は、家族といっしょに家の近くの公園に避難しました。彼女の家は神戸市西部の高台にあって倒壊は免れました。冬の早朝、まだ薄暗い公園に近所の人々が集まって不安そうに東の方角を見ていました。長田で大規模な火災が発生し、空をオレンジ色に染めていました。

幼い彼女には何が起こっているのかわかりませんでした。ただ、自分の手をぎゅっと握っている母の手の力がいつもよりずっと強いのに驚いて、これはただ事ではないと感じたそうです。

子どもの体験記には、そんな大人には気付きにくい、子どもの感性があふれています。

参考文献

1) 雁部那由多・津田穂乃果・相澤朱音語り部, 佐藤敏郎案内役 (2016)『16歳の語り部』, ポプラ社
2) 諏訪清二 (2016)『防災教育の不思議な力——子ども・学校・地域を変える』, 岩波書店
3) 諏訪清二 (2020)『防災教育のテッパン』明石SUC
4) 山名 淳・矢野智司編著 (2017)『災害と厄災の記憶を伝える 教育学は何ができるのか』, 勁草書房
5) 矢守克也・網代 剛・吉川肇子 (2005)『防災ゲームで学ぶリスク・コミュニケーション』, ナカニシヤ出版
6) 矢守克也・舩木伸江・諏訪清二 (2007)『夢みる防災教育』, 晃洋書房
7) 大川伝承の会フェイスブック, https://www.facebook.com/ookawadensyo/
8) さくらネット,「活動報告 心のケアと防災教育の絵本 「しまうまのトラウマ」を発行しました」, http://npo-sakura.net/activity_report/r_data.php?id=141
9) 内閣府,「特集 東日本大震災から学ぶ 〜いかに生き延びたか〜」, http://www.bousai.go.jp/kohou/kouhoubousai/h23/64/special_01.html
10) 阪神・淡路大震災記念人と防災未来センター・兵庫県立舞子高校,「ユース震災語り部」募集チラシ, https://www.dri.ne.jp/backnumbers/news/news08/pdf/youth_recruit.pdf
11) 防災・減災活動推進団体with, https://www.city.kobe.lg.jp/safety/img/with.pdf
12) 舞子高校,「語り継ぐ」, https://www.hyogo-c.ed.jp/~maiko-hs/kanbo_2.html

あとがき

　本書を通じて、学校防災の多様性と奥深さについて実感いただけましたでしょうか。人の生死にかかわる〈防災〉はどうしても重いイメージがつきまといますが、子どもたちが、命のこと、地域のことを考え、希望に満ちた明るく安全な未来を創造することこそ、防災を学校で扱う究極の目的と言えます。突然の災禍に直面したとき、自分自身の命と暮らしを守る力、隣人の命を尊重し、ともに生き抜く力を身に付ける。それが防災教育の本質的なねらいであり、人権尊重や持続可能な社会づくりをも見据えた「教育」そのものの目標といえます。なにより他者の生き様に触れ、正解がひとつではない現実を知るという学校防災のアプローチは、生き方そのものを広く考える貴重な学びの機会だといっても過言ではありません。被災者の経験を聴き、失意と後悔のなか再起してきた人々の歩みに触れることで、当たり前のように続く日常は、自分や他者の様々な努力によって成り立っていることに気付かされるのです。その上で、具体的な災害への備えに始まり、他人を思いやり支え合う気持ちや、地域との関わり、社会における役割など、自分には何ができるのかと考えるきっかけにもなるでしょう。

　そのような奥深さと多様さを秘めたものゆえ、紙幅の制約上、本書では扱えなかったものの、本書を読んだ後、さらに深めていただきたいテーマがあります。例えば、特別支援教育における防災について。障がいの種別等の多様な背景に応じて、特別な配慮を要する子どもに対して、どのように防災の取り組みをしたらよいか、最近では各地で創意工夫された優良な実践事例があります。また、就学前の園児や幼児に対するアプローチについても、訓練や遊び等を通して子どもにリスクを体験的・感覚的に察知させる取り組みなど具体例が多数報告されています。本書では、福島の原発事故の学校教育における教訓については十分取り上げられませんでした。放射線や風評被害、リスクコミュニケーションに関する学習は、後に新型コロナウイルス感染症でも再燃した、「当事者」への差別や偏見をどう防いでいくかを考える上で重要な示唆を与えてくれるはずです。本書は、自然災害への備えを中心に、防犯や交通安全など学校のリスクマネジメント全般に活かせる内容も含まれています。学校安全自体が取り扱う範疇は相当広いため、他の書籍と合わせて、総合的に「命を守る教育」力を高めていただければ幸いです。

　昨今、教職を志す学生や現職教員が防災を学ぶ機会は充実しつつあります。例えば、筆者の勤務する宮城教育大学は、防災教育研修機構〈311 いのちを守る教育研修機構〉を立ち上げ、すでに必修となっている防災教育の科目に加えて、選択必修科目や教職大学院で学校防災科目の充実を図っています。全国の現職教員が東日本大震災の被災地に赴き、当時の学校長や生徒から直接震災体験を聞き、防災を考える研修も行っています。岩手大学でも、教育学部生向けの必修科目として震災の教訓を次代の教師へと受け継ぎ「学校安全学」という学問領域創出を目指しています。他にも各地の大学で、学校防災を扱った教員免許状更新講習や教員研修機関での科目が開講され始めました。被災地に限らず、全国の教育機関で教師の防災力向上の機会が充実するのを願ってやみません。ぜひ積極的にこうした機会を活用して、定期的に防災の学びを更新し、深化させてください。

　日常的に、同僚同士で防災について話し合ったり、雑談のなかで考えを共有する姿勢も大切です。世代交代、人事異動にともなって、経験・教訓が途絶えてしまったり、マンネリ化してしまう危険性があるからです。安全は組織で保つもの。そのためには構成員一人一人の心がけと知識・経験、PDCA によ

る改善や、直言を厭わず互いに気付きを指摘し合う心がけが、いざというときの正しい判断を導きます。多忙な日常のなかにその時間を見出すのは大変でしょうが、本書で扱ったテーマを、短時間でもいいので、少しずつ同僚の教員と共有して学び合い、確認し合う機会を設けていただければ幸いです。それが、学校全体の防災力向上に着実に結実します。巻末に付した〈職員室での学び合いワークシート〉も活用してください。

　そして、被災地へ直接赴いてください。現地で災害の実相に触れ、再起した人々と関わる経験ほど、多くの学びを得られる機会はありません。百聞は一見にしかず——。最近は、校外学習や修学旅行で、被災地の東日本大震災の伝承施設を訪問する機会が増えているようです。本書巻末には、これらの主な施設等の地図や関連情報も掲載しています。災害への向き合い方は人それぞれですが、震災から10年を経て風化に抗いながら静かにたたずむ遺構に立ち、伝え続ける人々の声に耳を傾けることは、冒頭で述べた、命と暮らしへの本質的な問いを想起させてくれるはずです。

　構想から2年、教師目線に立って、わかりやすい学校防災の手引きをとの思いから本書を編集しました。最善を尽くしましたが、思わぬ見落としや過不足があるかもしれません。読者の皆様の忌憚なきご意見をお待ちしております。本書がきっかけとなり、幅広く防災の取り組みを実践する方々が少しでも増えれば望外の喜びです。そして、筆者らも関わる日本安全教育学会や防災教育学会など、現場の教師たちが積極的に現場での取り組みの成果を発信・報告している組織もありますので、それらの場で読者の皆様による多様な学校防災の実践の成果に触れる日を楽しみにしております。

　最後になりましたが、ご執筆いただきました著者の先生方、制作にご協力いただきました戸田芳雄先生、澁木智之さん、齊藤伶奈さんをはじめとするすべての皆様に心より感謝申し上げます。

　　早春の仙台・青葉山にて

　　　　　　　　　　　　　　　　　　　　　　　　　　　　　　　　編著者　小田隆史

執筆者紹介

■編著者

小田 隆史　（おだ たかし）（第1, 4章）
福島県いわき市出身。東北大学大学院環境科学研究科博士課程修了。
外務省専門調査員として在サンフランシスコ日本国総領事館に在勤後、カリフォルニア大学バークレー校フルブライト研究員、日本学術振興会特別研究員 PD、お茶の水女子大学シミュレーション科学教育研究センター助教、宮城教育大学教育復興支援センター特任准教授などを経て
現在　宮城教育大学防災教育研修機構〈311 いのちを守る教育研修機構〉副機構長・准教授
　　　日本安全教育学会理事、防災科学技術研究所客員研究員
　　　博士（環境科学）

■著者

林田 由那　（はやしだ ゆな）（第2章）
熊本県出身。早稲田大学大学院教育学研究科博士後期課程単位取得退学。
早稲田大学教育・総合科学学術院助手、早稲田大学平山郁夫記念ボランティアセンター講師を経て
現在　宮城教育大学防災教育研修機構特任助教
　　　修士（教育学）

村山 良之　（むらやま よしゆき）（第3章）
山形県出身。東北大学大学院理学研究科博士課程後期中退。
山形県立米沢商業高等学校教諭、鶴岡工業高等専門学校講師、東北大学大学院理学研究科講師などを経て
現在　山形大学大学院教育実践研究科教授
　　　日本安全教育学会理事
　　　博士（理学）

松多 信尚　（まつた のぶひさ）（第3章）
東京都出身。東京大学大学院理学系研究科博士課程修了。
東京大学地震研究所特任研究員、東京大学空間情報科学研究センター客員研究員、國立台湾大学理学院地質科学系博士後研究員、名古屋大学環境学研究科地震火山・防災研究センター特任研究員、名古屋大学減災連携研究センター特任研究員、岡山大学教育学部准教授などを経て
現在　岡山大学大学院教育学研究科教授
　　　博士（理学）

齋藤　玲　（さいとう りょう）（第4, 5章）
山形県出身。東北大学大学院情報科学研究科博士課程後期修了。
専門は認知心理学。人間の記憶と学習への関心を軸に、防災教育に応用する学際的研究・実践を展開している。
東北大学大学院情報科学研究科学術研究員を経て
現在　宮城教育大学防災教育研修機構特任助教
　　　博士（情報科学）

邑本　俊亮　（むらもと としあき）（第 5 章）
富山県出身。北海道大学大学院文学研究科博士後期課程単位取得退学。
専門は認知心理学・教育心理学。人間の言語コミュニケーション活動の認知過程に関する基礎研究を行い、得られた成果を教育や防災などに応用することを目指している。
北海道大学助手、北海道教育大学講師、助教授、東北大学大学院情報科学研究科助教授、准教授、教授を経て
現在　東北大学災害科学国際研究所教授
　　　　博士（行動科学）

桜井　愛子　（さくらい あいこ）（第 6 章）
神奈川県出身。神戸大学大学院国際協力研究科後期博士課程修了。
日本経済団体連合会事務局、国際復興開発銀行、株式会社パデコ、神戸大学大学院国際協力研究科特命准教授、東北大学災害科学国際研究所准教授などを経て
現在　東洋英和女学院大学国際社会学部／東北大学災害科学国際研究所教授（クロスアポイント）
　　　　日本安全教育学会理事
　　　　学術博士（国際教育開発）

佐藤　　健　（さとう たけし）（第 7 章）
宮城県名取市出身。東北大学大学院工学研究科修士課程修了。
株式会社フジタ、宮城工業高等専門学校建築学科助手、東北大学大学院工学研究科災害制御研究センター講師、准教授などを経て
現在　東北大学災害科学国際研究所教授
　　　　日本安全教育学会常任理事
　　　　博士（工学）

森本　晋也　（もりもと しんや）（第 8 章）
香川県出身。法政大学大学院人文科学研究科修士課程修了。
岩手県公立中学校教諭、岩手県教育委員会指導主事、岩手大学大学院教育学研究科准教授などを経て
現在　文部科学省総合教育政策局男女共同参画共生社会学習・安全課安全教育推進室安全教育調査官
　　　　日本安全教育学会理事
　　　　修士（文学）

諏訪　清二　（すわ せいじ）（第 9 章）
兵庫県出身。岡山大学教育学部卒業。
兵庫県立舞子高等学校に全国ではじめて〈環境防災科〉が開設された 2002 年からその科長を 12 年間務め、長く国内外で防災教育プログラムの開発に携わっている。
現在　兵庫県立大学大学院減災復興政策研究科特任教授
　　　　防災教育学会会長

〈職員室での学び合い〉ワークシート（例）

		氏　　名	

		実施日時	年　　月　　日（　　）　　時　　分 〜 終了予定　　時　　分（厳守）
今日のテーマ	実施前に進行役が記入	進行役	学び合いのファシリテーター
		学び合いテーマ	
		学習帳の該当章	本書の関連する章・節・ページなど（章末のドリルも参照）
		主たる領域	□防災教育　□防災管理　□組織活動　□その他（　　　　　　　　）
		本校の学校安全計画等との関連	年間計画やマニュアルのどの部分と関連するか
		本校の特色との関連	規模、建学の精神（私学）、地域の特徴など
		本校地域の災害履歴やハザード	意識すべき災害種など（必要に応じて）
ふりかえり	実施後に参加者が記入	学びの自己評価	□とても満足　□やや満足　□やや不満　□とても不満
		重要な気付き・共感できた点	同僚の発言から気付いた点、共感できた点、 大切だと感じた具体的な学び　など自由に所感を記入
		今日の学び合いのうち 子どもと共有したい内容	上記のうちどれを児童・生徒等にも共有したいか どの時間を使って話をしてみるかなど
		疑問点／課題と思った点 さらに深めたい点	本校でさらに強化すべきと感じた点 自身がさらに理解を深めたいと感じた点 学校の設置者や専門家などから助言を得たほうが良いと思う点

朝倉書店のホームページから編集可能な形式で、
ワークシートのサンプルをダウンロードできます。

◇東日本大震災を伝承する主な施設等

青森県

八戸 ── 八戸市みなと体験学習館

久慈

| | 三陸鉄道 震災学習列車 |
| | 旧校舎 |

── 昔代水門
── 太田名部漁港
── 明戸海岸防潮堤

秋田県

盛岡

岩手県

宮古 ── 津波遺構たろう観光ホテル

3.11東日本大震災
遠野市後方
支援資料館

── 大槌町文化交流センター
〈おしゃっち〉

釜石 ── いのちをつなぐ未来館

大船渡津波伝承館

陸前高田 ── 東日本大震災津波伝承館
〈いわてTSUNAMIメモリアル〉
── 高田松原津波復興祈念公園

気仙沼 ── 旧陸前高田市立気仙中学校
── 気仙沼市震災遺構伝承館
〈旧気仙沼向洋高校〉

新庄

山形県

── 南三陸町旧防災対策庁舎
── 旧石巻市立大川小学校
── 震災遺構旧女川交番

宮城県

石巻 ── 石巻南浜津波復興祈念公園
── 旧石巻市立門脇小学校

仙台 ── 東松島市震災復興伝承館〈旧JR野蒜駅〉
── 震災遺構仙台市立荒浜小学校

山形 ── 名取市震災復興伝承館

── 山元町震災遺構 中浜小学校

── 相馬市伝承鎮魂祈念館

福島 飯館

福島県

── 旧浪江町立請戸小学校

郡山 ── 東日本大震災・原子力災害伝承館

── 福島県復興祈念公園（双葉町・浪江町）

福島県環境創造
センター交流棟
〈コミュタン福島〉

いわき ── いわき震災伝承みらい館
── いわき市ライブいわきミュウじあむ
〈3.11いわきの東日本大震災展〉

N W E S

0　25　50　　　100 km

茨城県

■「震災伝承ネットワーク協議会」が、東日本大震災から得られた実情と教訓を伝承する施設を分類・選定しています。

　以下の①～⑤のいずれかの項目に該当する施設を第１分類、そのうち、公共交通機関等の利便性が高い、近隣に有料または無料の駐車場がある等、来訪者が訪問しやすい施設を第２分類、さらに、第２分類のうち、案内員の配置や語り部活動等、来訪者の理解しやすさに配慮している施設を第３分類と、３種に分けて登録されており、「一般財団法人3.11伝承ロード推進機構」のホームページからそれらを地図で見ることができます。

　　①災害の教訓が理解できるもの
　　②災害時の防災に貢献できるもの
　　③災害の恐怖や自然の畏怖を理解できるもの
　　④災害における歴史的・学術的価値があるもの
　　⑤その他、災害の実情や教訓の伝承と認められるもの

https://www.311densho.or.jp/

3.11伝承ロード
ロゴマーク

「自然災害伝承碑」の
地図記号

■「地理院地図」（第３章参照）に登録された〈自然災害伝承碑〉の表示機能も参考になります。https://www.gsi.go.jp/bousaichiri/denshouhi.html

■宮城教育大学防災教育研修機構が運営する震災メモリアル施設等を学校の震災学習で活用を支援するポータルサイト〈災害メモリアルに学び、描く未来〉では、校外学習における授業案やワークシートの例などを掲載しています。
http://drr.miyakyo-u.ac.jp/memories/

伝承を通じた防災教育実践ポータル
災害メモリアルに学び、描く未来

索　引

教師のための防災学習帳　　　　　　　　　　定価はカバーに表示

2021 年 3 月 1 日　　初版第 1 刷
2021 年 12 月 10 日　　　第 3 刷

　　　　　　　　　　　　　編著者　小　田　隆　史

　　　　　　　　　　　　　発行者　朝　倉　誠　造

　　　　　　　　　　　　　発行所　株式 朝 倉 書 店
　　　　　　　　　　　　　　　　　会社

　　　　　　　　　　　　　東京都新宿区新小川町6-29
　　　　　　　　　　　　　郵 便 番 号　　162-8707
　　　　　　　　　　　　　電　話　03 (3260) 0141
〈検印省略〉　　　　　　　 F A X　03 (3260) 0180
　　　　　　　　　　　　　https://www.asakura.co.jp

Ⓒ 2021 〈無断複写・転載を禁ず〉　　　シナノ印刷・渡辺製本

ISBN 978-4-254-50033-2　C 3037　　　Printed in Japan

東大 平田　直・東大 佐竹健治・東大 目黒公郎・
前東大 畑村洋太郎ほか著

巨大地震・巨大津波
―東日本大震災の検証―

10252-9　C3040　　　　　A5判　212頁　本体2600円

2011年3月11日に発生した超巨大地震・津波を，現在の科学ではどこまで検証できるのだろうか。今後の防災・復旧・復興を願いつつ，関連研究者が地震・津波を中心に，現在の科学と技術の可能性と限界も含めて，正確に・平易に・正直に述べる。

前防災科学研 水谷武司著

自然災害の予測と対策
―地形・地盤条件を基軸として―

16061-1　C3044　　　　　A5判　320頁　本体5800円

地震・火山噴火・気象・土砂災害など自然災害の全体を対象とし，地域土地環境に主として基づいた災害危険予測の方法ならびに対応の基本を，災害発生の機構に基づき，災害種類ごとに整理して詳説し，モデル地域を取り上げ防災具体例も明示

気象業務支援センター 牧原康隆著

気象学ライブラリー 1

気象防災の知識と実践

16941-6　C3344　　　　　A5判　176頁　本体3200円

気象予報の専門家に必須の防災知識を解説。〔内容〕気象防災の課題と気象の専門アドバイザーの役割／現象と災害を知る／災害をもたらす現象の観測／予報技術の最前線／警報・注意報・情報の制度と精度を知る／他

檜垣大助・緒續英章・井良沢道也・今村隆正・
山田　孝・丸谷知己編

土砂災害と防災教育
―命を守る判断・行動・備え―

26167-7　C3051　　　　　B5判　160頁　本体3600円

土砂災害による被害軽減のための防災教育の必要性が高まっている。行政の取り組み，小・中学校での防災学習，地域住民によるハザードマップ作りや一般市民向けの防災講演，防災教材の開発事例等，土砂災害の専門家による様々な試みを紹介。

日大 矢ケ﨑典隆・日大 森島　済・名大 横山　智編

シリーズ〈地誌トピックス〉3

サステイナビリティ
―地球と人類の課題―

16883-9　C3325　　　　　B5判　152頁　本体3200円

地理学基礎シリーズ，世界地誌シリーズに続く，初級から中級向けの地理学シリーズ。第3巻はサステイナビリティをテーマに課題を読み解く。地球温暖化，環境，水資源，食料，民族と文化，格差と貧困，人口などの問題に対する知見を養う。

都立大 菊地俊夫・都立大 松山　洋・都立大 佐々木リディア・都立大 エランガラナウィーラゲ編

Geography　　　of　　　Tokyo

16362-9　C3025　　　　　A5判　168頁　本体2800円

全編英語で執筆された，東京の地理の入門書。〔内容〕Landforms／Climate／Animals and Plants in Tokyo／Waters and Seas／History and Culture／Living in Tokyo／Economy／Tourism

---

青学大 髙櫻綾子編著

子どもが育つ遊びと学び
―保幼小の連携・接続の指導計画から実践まで―

65007-5　C3077　　　　　A5判　148頁　本体2500円

子どもの長期的な発達・成長のプロセスを支える〈保幼小の連携・接続〉の理論とカリキュラムを解説する。〔内容〕保育所，幼稚園（3歳未満児および3歳以上児），認定こども園／小学校(低中高学年)／特別支援学校／学童保育／他

東大 秋田喜代美監修　東大 遠藤利彦・東大 渡辺はま・
東大 多賀厳太郎編著

乳幼児の発達と保育
―食べる・眠る・遊ぶ・繋がる―

65008-2　C3077　　　　　A5判　232頁　本体3400円

東京大学発達保育実践政策学センターの知見や成果を盛り込む。「眠る」「食べる」「遊ぶ」といった3つの基本的な活動を「繋げる」ことで，乳幼児を保育学，発達科学，脳神経科学，政治経済学，医学などの観点から科学的にとらえる。

日大 首藤伸夫・東北大 今村文彦・東北大 越村俊一・
東大 佐竹健治・秋田大 松冨英夫編

津　波　の　事　典

16050-5　C3544　　　　　A5判　368頁　本体9500円
〔縮刷版〕16060-4　C3544　　　四六判　368頁　本体5500円

世界をリードする日本の研究成果の初の集大成である『津波の事典』のポケット版。〔内容〕津波各論(世界・日本，規模・強度他)／津波の調査(地質学，文献，痕跡，観測)／津波の物理(地震学，発生メカニズム，外洋，浅海他)／津波の被害(発生要因，種類と形態)／津波予測(発生・伝播モデル，検証，数値計算法，シミュレーション他)／津波対策(総合対策，計画津波，事前対策)／津波予警報(歴史，日本・諸外国)／国際的連携／津波年表／コラム(探検家と津波他)

日本災害情報学会編

災　害　情　報　学　事　典

16064-2　C3544　　　　　A5判　408頁　本体8500円

災害情報学の基礎知識を見開き形式で解説。災害の備えや事後の対応・ケアに役立つ情報も網羅。行政・メディア・企業等の防災担当者必携〔内容〕[第1部：災害時の情報]地震・津波・噴火／気象災害[第2部：メディア]マスコミ／住民用メディア／行政用メディア[第3部：行政]行政対応の基本／緊急時対応／復旧・復興／被害軽減／事前教育[第4部：災害心理]避難の心理／コミュニケーションの心理／心身のケア[第5部：大規模事故・緊急事態]事故災害等／[第6部：企業と防災]

上記価格（税別）は 2021 年 2 月現在